ALS LEICHE IM OCHSENFELL …

Dieter Herion

ALS LEICHE IM OCHSENFELL …

… kehrte der erste Geschäftsführer der Hanse (Syndikus) Heinrich Suderman (1520–1591) in seine Heimatstadt Köln zurück

Bibliografische Information der Deutschen Nationalbibliothek:
Die Deutsche Nationalbibliothek verzeichnet diese Publikation
in der Deutschen Nationalbibliografie; detaillierte bibliografische
Daten sind im Internet über http://dnb.dnb.de abrufbar.

© 2016 Dieter Herion
Umschlaggestaltung: Mira
Satz, Herstellung und Verlag:
BoD – Books on Demand

ISBN: 978-3-7392-6570-4

Inhalt

Vorwort des Autors 7

Geschichten und Geschichte 9

Als Leiche im Ochsenfell 11
… kehrte der erste Geschäftsführer der Hanse (Syndikus)
Heinrich Suderman (1520–1591) in seine Heimatstadt Köln zurück

Hat der Kölner Erzbischof Anno II.
die Abtei Brauweiler bestohlen? 31

Es sind Ketzer in Köln! 43
Kurze Geschichte der Nichtkatholiken in Köln
(Katharer, Bettelorden, Beginen, Täufer/Wiedertäufer, Reformierte)

Es ist noch kein Meister vom Himmel gefallen 67
Geschichte der Kölner Zünfte (Bruderschaften – Ämter – Gaffeln)

1288 Schlacht bei Worringen 89
Ein „Freiheitskampf" und seine Folgen

Hansestädte zwischen 14. und 16. Jahrhundert 111

Literaturverzeichnisse 115

Bildnachweise 121

Vorwort des Autors

Mein zweites Buch[1] über Kölner Ratsturmfiguren erzählt etwas von und über Heinrich Suderman, den ersten Geschäftsführer der mittelalterlichen Hanse, Erzbischof Anno II. und seine Auseinandersetzung um das Erbe Richezas, der Königin von Polen, Hauptseidmacherin Fygen Lutzenkirchen verteidigt die Freiheit der Stadt Köln, Adolf Clarenbach und die Kölner Ketzerbewegungen sowie Stephan Lochner und die Kölner Zünfte.

Ich habe die Texte – um sie noch anschaulicher zu gestalten – häufig mit kleinen orts-, situations- und zeitbezogenen Geschichten angereichert, vergleichbar mit den heute so beliebten Spielfilmszenen in Geschichtsdokumentationen mancher Fernsehproduktionen. Bei den Personen, die zwar den Ratsturm zieren dürfen, aber über die wenig bekannt ist, habe ich mir erlaubt, die zeitbezogenen Geschichten aus eigener Phantasie ein wenig zu erweitern.

Dieses Taschenbuch halte ich auch – ebenso wie mein erstes Buch „Als über Köln noch Hexen flogen …" – gut für Stadtführer geeignet, die vor dem Ratsturm etwas über einzelne der dort aufgestellten Figuren erzählen möchten.

Um die eingeflochtenen fiktiven persönlichen Geschichten möglichst authentisch wirken zu lassen, habe ich jeweils die wörtliche Rede in der Sprache verfasst, die alle Kölner damals sprachen, nämlich Ripuarisch = Kölsch, die der heutigen kölnischen Sprache wesentlich näherkommt als das Hochdeutsche. Das konnte sich selbstverständlich nur auf die historischen Persönlichkeiten beziehen, die mit großer Sicherheit aus Köln stammen.

Eine deutsche Hochsprache entwickelte sich erst allmählich seit dem Ende des 18. Jahrhunderts, nachdem zunächst seit dem Ende des 17. – und erst recht <u>im</u> 18. Jahrhundert – an allen Höfen und im gehobenen Bürgertum <u>Französisch</u> gesprochen worden war.[2] *Für die nicht der köl-*

---
[1] Erstes Buch = Dieter Herion: „Als über Köln noch Hexen flogen …", BoD-Verlag.
[2] Karl-Heinz Göttert: Deutsch. Biographie einer Sprache. Ullstein, Berlin 2010.

schen Sprache ausreichend mächtigen Leser habe ich jeweils unmittelbar an den mundartlichen Text eine hochdeutsche Übersetzung in Kursivschrift angefügt.

Danken möchte ich an dieser Stelle insbesondere meiner Frau Lieselotte für das Korrekturlesen, Herrn Peter Richerzhagen für die Beratung bei der Abfassung der kölschen Texte und Frau Dr. Sabine Doll für die Unterstützung bei meinen kirchenhistorischen Recherchen.

Köln, im November 2015   Dieter Herion

Geschichten und Geschichte

Geschichtsschreibung beruht auf Fakten und Quellen, ausgewertet nach nachprüfbaren Methoden, dargebracht in nachvollziehbarer Form. Das ist der wissenschaftliche Anspruch.

Dabei geht Geschichte uns alle an: Geschichte kann jedem passieren, unabhängig davon, ob er oder sie nun ein Land regiert, jeden Morgen aufsteht, um die Bürgersteige der Stadt zu fegen, oder sich auf die große Reise zu einem Ort begibt, der ein besseres Leben verspricht. Geschichte ist immer auch individuell, weil sie aus unseren gebündelten persönlichen Erzählungen besteht, die gerade in ihrer Einzigartigkeit oft nicht überliefert werden und daher kaum in der „großen" Geschichtsschreibung vorkommen.

Wie aber schaffen wir den Spagat zwischen Faktizität und Lebensnähe, wenn wir als Historiker ein breites Publikum auch abseits des akademischen Betriebs erreichen wollen? Wie können wir Geschichte schreiben und gleichzeitig Geschichten erzählen, die ein lebendiges Bild der Vergangenheit erschaffen?

Dieter Herion, der sich seit vielen Jahren ehrenamtlich im Arbeitskreis des Kölnischen Stadtmuseums unermüdlich für die Vermittlung von Geschichte engagiert (unvergessen seine lebendigen Themenabende im historischen Kostüm!), gibt gelungene Antworten auf diese Fragen.

Historiographisch belegte Gegebenheiten werden hier vermengt mit Beschreibungen des Alltäglichen und Profanen. Die Grenzen zwischen Faktum und Fiktion verschwimmen zugunsten der Hör- und Lesefreude. Mögen besonders gewissenhafte Historiker das ein oder andere kritisch anmerken ... So wissen wir etwa nicht, ob dem einflussreichen Syndikus der Hanse, Heinrich Suderman, 1565 in Köln tatsächlich ein quiekendes Schwein über den Weg gelaufen ist. Doch war dies bei den damaligen Verhältnissen in Köln sehr gut vorstellbar. Und: Es ist vor allem gut erzählt.

Dafür gebührt Dieter Herion mein herzlichster Dank – und seinem Buch unzählige Leserinnen und Leser, die viel Freude mit seinen Geschichten haben werden!

Mario Kramp
Direktor des Kölnischen Stadtmuseums

Als Leiche im Ochsenfell …

… kehrte der erste Geschäftsführer der Hanse (Syndikus) **Heinrich Suderman (1520–1591)** *in seine Heimatstadt Köln zurück*

Wer oder was war die „HANSE"?
Ein (fiktiver) Rückblick
Sudermans Lebensweg
Sudermans Persönlichkeit

„Hanse" haben wir alle schon einmal gehört. Heute noch geläufig ist der Begriff nicht zuletzt von den Autokennzeichen für die Hansestädte Bremen, Hamburg, Lübeck, Rostock, Stralsund, Greifswald und Wismar.

Diese Namen haben die Städte von einer Handelsorganisation, der sie – neben Köln auch ca. 200 andere Städte[3] – im Mittelalter angehört hatten. Die Hanse hatte sich im Laufe mehrerer Jahrhunderte auf der Basis einer „Gemeinschaft der Gotlandfahrer" gebildet, etwa zu Beginn des 12. Jahrhunderts. Sie sollte Handelswege und -plätze sichern, denn fehlende Zentralgewalten mit entsprechender Sanktionsmacht in Europa hatten zwischen dem 12. und 16. Jahrhundert Raubritter- und Strandräubersitten zur Folge. Außerdem waren Kaufleute aus fremden Städten und Ländern der Willkür der jeweiligen Herrschaften an allen Handelsplätzen ausgesetzt.

Deshalb sicherten sich die der Hanse angehörenden Städte gegenseitig Geleitschutz, Rechtsschutz und Handelsprivilegien (Steuerfreiheit, Zollfreiheit, eigene Rechtsprechung usw.) zu und gegenseitige Unterstützung bei kriegerischen Auseinandersetzungen. Besonders bekannt ist für uns heute noch der Kampf der Hanse gegen Klaus Störtebeker und seine Vitalienbrüder.

---

[3] Liste s. Anlage.

Die Hanse war zeitweise so stark, dass sie selbst gegen Staaten Krieg führen oder durch Handelsblockaden zum Einlenken bewegen konnte. Selbst der deutsche Kaiser setzte sich zeitweise für die Hanse ein, weil er wusste, welche Bedeutung sie für sein Reich hatte.

Nachbau einer Hansekogge in Lübeck

Die Macht der Hanse war also groß, obwohl der Hanse eine ständige eigene Exekutivgewalt fehlte. Ebenso fehlten ihr übrigens eine eigene Verwaltung, Finanzhoheit, Heer und Siegel. Wohl aber verfügte sie über eigene feste Niederlassungen, Kontore oder Faktoreien genannt.

Die Hanse war immer auf die Solidarität ihrer Mitglieder angewiesen, die leider manchmal zu wünschen übrig ließ, weil diese hin und wieder lieber jeweils ihre eigenen Interessen verfolgten, die denen der Gesamtorganisation manchmal zuwiderliefen. Die Hanse versuchte dann die „Individualisten" notfalls durch die Androhung der „Verhansung" (Ausschluss) wieder in die Gemeinschaft zu zwingen. Mit diesem Schicksal musste sich z. B. auch einmal die Stadt Köln von 1471 bis 1476 abfinden.

Der Hanse gehörten in der Regel Städte an – vertreten durch ihre Stadträte oder Bürgermeister –, es konnten aber auch einzelne Kaufleute sein und das auch manchmal nur zeitweise. Diese unterschiedliche und für Fremde besonders undurchsichtige Organisationsform führte hin und wieder zu heftigen Auseinandersetzungen mit Ländern oder Städten bis zum Verlust von Handelsplätzen oder Privilegien. Das galt insbesondere für England, an dem die Stadt Köln als größte Handelsmetropole Europas im Mittelalter starkes Interesse hatte. Und in einer solchen privilegierten Position ließ sich Köln – als zudem freie Reichsstadt – auch nicht gerne von anderen Hansestädten in ihre Handelspolitik hineinreden.

Der letzte Hansetag, an dem auch Köln teilnahm, fand 1669 in Lübeck statt, aber der Niedergang der Hanse setzte schon Mitte des 16. Jahrhunderts ein mit
- den großen Entdeckungen und dem beginnenden Überseehandel, denen die Verlagerung der Handelsströme folgte,
- der Reformation und den damit verbundenen Religionskriegen[4],
- der Erstarkung der Territorialmächte, in denen sich schon im 15. Jahrhundert allmählich eine geordnete Verwaltung des weltlichen Gemeinwesens entwickelt hatte, die Polizei (Politie, Police) genannt wurde. Es bedurfte deshalb immer weniger der selbständigen Schutzfunktion der Hanse, noch ließ sich nun die jeweilige Territorialmacht in ihre eigenen Aufgaben hineinreden.

Das Archiv der Hanse wurde schon 1593 in Köln konzentriert, damit es im dortigen Stadtarchiv auf Dauer sicher aufbewahrt werde. Dass das Archiv am 03.03.2009 einstürzen würde, war damals nicht zu erwarten.

---

[4] Schmalkaldischer Krieg 1547; brüchiger Augsburger Religionsfrieden von 1555.

In Deutschland nennen sich heute noch nach eigener Stadtsatzung 17 Städte Hansestadt, die aber nicht mehr alle ein „H" in ihr Autokennzeichen eingefügt haben. Entweder weil sie einer größeren Gebietskörperschaft angehören, wie beispielsweise Anklam oder Demmin, oder weil sie diese „attraktive" Zusatzkennzeichnung nicht nötig zu haben glauben, wie Köln oder Düsseldorf.

Ein (fiktiver) Rückblick

Und nun möchte ich mich dem ersten Syndikus der Hanse, Generalsekretär oder Geschäftsführer – so würde man heute sagen –, nämlich Heinrich Suderman persönlich nähern. Lassen Sie sich dazu 450 Jahre zurückversetzen:

Porträtgraphik Heinrich Suderman

An einem sonnigen Frühjahrsmorgen des Jahres 1565 schritt Heinrich Suderman durch die Botengasse nachdenklich auf das Rathaus zu.

Er kam von seinem Haus Unter Sporenmacher und hatte sich, weil der Tag noch recht kühl war, trotz des kurzen Weges seinen Mantel mit dem Pelzkragen übergeworfen. Er stand ihm gut und gab ihm ein vornehmes Aussehen. Er glaubte, das seiner Stellung und dem bevorstehenden Gespräch auch schuldig zu sein.

Die vielen Kot- und Unrathaufen auf der Straße vermied er fast wie im Schlaf. Ein quiekendes Schwein, das seinen Weg kreuzte, verlangte da schon mehr Aufmerksamkeit.

Sein schmales Gesicht trug wie immer einen leicht spöttischen Ausdruck. Er amüsierte sich oft über seine Gesprächspartner, wenn sie unsicher waren, ob sie im Gespräch lieber in sein linkes oder in sein rechtes Auge blicken sollten, denn sein linkes Auge folgte nicht immer der Richtung seines rechten. Mit andern Worten: Er schielte.

Suderman hatte sich mit Bürgermeister Konstantin von Lyskirchen verabredet, um mit ihm über seine Verhandlungen mit Prinz Wilhelm von Oranien zu sprechen, dem damaligen Stadthalter der spanischen Niederlande. Es ging um eine engere Beziehung zu den Niederlanden. Suderman wollte, dass die Hansestädte Druck auf England ausübten, um wieder die alten Privilegien im Stalhof von London, der Faktorei der Hanse, zu erreichen. Er hatte den Bürgermeister von Lyskirchen schon darauf vorbereitet.

Als er vor dem Ratssaal ankam, war die Sitzung noch nicht zu Ende. Also wartete er. Er übergab seinen Mantel einem Ratsdiener und begab sich in die Stube des Burggrafen. Burggraf Weinsberg[5] war unterwegs. So setzte er sich auf eine Bank und nutzte die Muße, um einmal darüber nachzudenken, wie er eigentlich zu seinem Einsatz für die Hanse und die Handelsbeziehungen seiner Vaterstadt Köln – was nicht immer dasselbe war – kam.

Heinrich Suderman war am 31.08.1520 als Sohn des wohlhabenden

---

[5] Hermann Weinsberg, der Autor des berühmten Tagebuchs, war Burggraf von November 1549 bis zum 22.06.1565.

Kaufmanns und Bürgermeisters Hermann Suderman in Köln geboren worden. Sein Vater hatte ihm erzählt, dass die Vorfahren der Familie aus Dortmund stammten, einer Stadt, mit der Köln seit Jahrhunderten vielfältige Handelsbeziehungen unterhielt und die ebenfalls der Hanse angehörte. Mit 18 Jahren – sein Vater hatte ihm als Kind viel Freiheit gelassen – begann er in Köln das Studium der sieben freien Künste[6], eine Art Grundstudium, und wurde drei Jahre später zum Magister Artium promoviert. Er hatte von vornherein eine juristische Laufbahn angestrebt, darum setzte er anschließend seine Studien in den für Jura bekannten Universitätsstädten Orléans und dann in Bologna fort, wo er auch den Doktorgrad „beider Rechte"[7] erwarb.

Nach Köln zurückgekehrt, war er für verschiedene Auftraggeber als juristischer Berater tätig. 1550 heiratete er Gude, die Tochter des Bürgermeisters Jakob von Rodenkirchen. Mit ihr bekam er sechs Kinder.

Er konnte sich noch gut erinnern, wie ihn sein Vater, Bürgermeister Hermann Suderman, vor nun gut zwölf Jahren eines Tages in sein Kontor gebeten hatte und ihm dort eröffnete:

„Hein, do häs met vill Erfolch en Kölle, Orléans un Bologna studeet un et hät jo janz jot jeklapp. Dat do och em Praktische jot drop bes, häs do am Reichskammerjereech en Speyer bewise un ne janze Püngel Lück us Kölle häs do jot berode. Wie ich deer em vörije Johr zom eeschte Mol hansische Krom an et Hätz jelaat hatt, es mer och opjejange, wat do all kanns! Ävver de Hanse selvs, dat jeit mer ald lang durch dr Kopp, möht ens öhndlich ömjekrempelt wäde. Ich han och ald en Idée, üvver die ich hück noch nit met der schwade well. Ävver ich well dich jän morje ens metnemme noh England, wo mer uns för de Hanse öm ahl Rächte en dr Reme läje möhte. Dobei kanns do och bei denne Kadette vun dä andere Hansestädt Endrock maache. Wammer dann met vill Erfolch zoröckkumme, well ich dr och verzälle, wat ich mit deer vörhan."

„Heinrich, du hast mit viel Erfolg in Köln, Orléans und Bologna stu-

---
[6] Astronomie, Arithmetik, Dialektik, Geometrie, Grammatik, Musik und Rhetorik.
[7] Ziviles und kirchliches Recht.

diert. Dass du das Gelernte auch in der Praxis gut anwenden kannst, hast du am Reichskammergericht in Speyer bewiesen, und viele Kölner Mitbürger hast du erfolgreich beraten. Als ich dir im vorigen Jahr zum ersten Mal Angelegenheiten der Hanse aufgetragen hatte, ist mir auch persönlich bewusst geworden, was du alles kannst! Aber die Hanse selbst – das geht mir schon lange durch den Kopf – müsste mal gründlich neu organisiert und effizienter gestaltet werden. Ich habe auch schon eine Idee, über die ich heute noch nicht mit dir sprechen möchte. Aber morgen will ich dich gerne mal mitnehmen nach England, wo wir uns für die Hanse um alte Handelsvorrechte einsetzen müssen. Dabei möchte ich dich auch den anderen Vertretern der Hansestädte vorstellen. Wenn wir dann erfolgreich zurückkommen, will ich dir auch erzählen, was ich mit dir vorhabe."

Damit hatte er seinen Sohn Heinrich stolz und – neugierig gemacht. Sein Vater ließ sich aber nicht weiter bedrängen.
   Die Gesandtschaft erreichte tatsächlich im November beim englischen König die erhoffte Bestätigung der Hansepriviligien. Damit empfahl sich Heinrich als Vertreter der Hanse für weitere Verhandlungen in den nächsten zwei Jahren. Nach ihrer Rückkehr nach Köln eröffnete ihm sein Vater nun auch seinen Plan:

„De Hanse es zick ville Johr ärch lahm jewode. Wat fassjelaat wod, weed nit bei Zigge ömjesatz, un jeder mät wat hä well, janz ejal wat andre drüvver denke. Die Hanse bruch janz secher ne Syndikus, dä immer für se do es un sich öm dat janze Krömche öchelt: Afstemme un <u>maache,</u> wat fassjalat wood un immer widder dobei sin, wann se zesamme kumme.
Maach ens ne Schrieves, wo denne Häre klorjemaat weed, wie mer uns dat vörstelle. Dann wäden se dich om näkste Hansedach als Syndikus met enem jode Enkummes ensetze. Do bes jetz 33 Johr un do bruchs ene anständije Poste, domet du ding Famillich övver de Zick brenge kanns."
„Die Hanse hat seit einigen Jahren viel ihres einstigen Durchset-

zungsvermögens eingebüßt. Was vereinbart worden ist, wird nicht zeitnah umgesetzt, und jeder macht, was er will, ohne Rücksicht auf die Meinung oder Interessen der anderen Hansemitglieder. Die Hanse braucht ganz sicher einen Syndikus, der ständig für sie da ist und sich um ihre sämtlichen Angelegenheiten kümmert. Abstimmen und durchsetzen, was festgelegt wurde, und immer dabei sein, wenn die Mitglieder zusammenkommen.
Mache mal einen hieb- und stichfesten schriftlichen Organisationsvorschlag, wie die Hanse effizienter arbeiten könnte. Dann werden dich die Hansevertreter auf dem nächsten Hansetag sicher zum Syndikus mit einem guten Einkommen wählen. Du bist jetzt 33 Jahre alt und brauchst einen anständigen Posten, womit du deine Familie angemessen unterhalten kannst."

So war das damals.

Nun war er schon seit neun Jahren als Syndikus für die Hanse tätig und hatte – als eine seiner wichtigsten Aufgaben – die systematische Dokumentation der alten Privilegien und der Hansebeschlüsse begonnen.

Die Dokumentation war allerdings noch nicht ganz abgeschlossen.

Die Aufgaben eines „Syndikus" haben sich im Laufe der Jahrhunderte gewandelt: Während er im alten Griechenland noch eine Gemeinde vor Gericht vertrat, im Mittelalter bis weit in die Neuzeit als Geschäftsführer einer Organisation oder Verwaltung fungierte, ist er heute der ständige Rechtsberater großer Unternehmen oder Verwaltungen, die er in manchen Fällen noch nicht einmal vor Gericht vertreten darf – jedenfalls in Deutschland.

Suderman wusste, dass insbesondere England darauf wartete. England, bzw. seine merchants adventures, die Fernhandelskaufleute, wollte endlich wissen, welche Städte nun eigentlich zur Hanse gehörten und welche Kaufleute und <u>wem</u> es nun die vereinbarten Privilegien einräumen sollte.

Die nicht zur Hanse gehörenden Kaufleute sollten genauso Steuern und Zölle zahlen wie alle anderen.

Die Verhandlungen mit England um den Erhalt der Hanseprivilegien hatten schon vor seiner Zeit begonnen, zogen sich über viele Jahrzehnte hin und wurden immer wieder von Rückschlägen begleitet. Selbst einmal geschlossene Verträge wurden – nicht zuletzt auf Druck der merchants adventures – immer wieder von der englischen Krone infrage gestellt und schließlich sogar ganz aufgekündigt.

Seit 1559 führte England heftige, religiös begründete Auseinandersetzungen mit Spanien, das damals die Hoheit über die Niederlande (Burgund) innehatte. Weil England infolgedessen 1564 aus den Niederlanden verbannt worden war, wollte es sich unabhängig machen von der Hanse und suchte nach eigenen Stapelplätzen an den norddeutschen Küsten. Mit Hamburg hatte es schon vielversprechende Verhandlungen aufgenommen. Dass sich Hamburg damit in Widerspruch zu den Interessen der Gesamthanse und ihres Vertreters Suderman setzte, geht u. a. aus einer mundartlichen Hamburger Redewendung hervor, die heute noch dort bekannt ist:

*„Dat es de Spruch von Suderman:
Eener schiet den annern an."*

Die Hamburger misstrauten demnach Suderman, weil er – vordergründig – nicht ihre Interessen vertrat.

Um die Haltung Kölns und der Hanse zu diesen Verhandlungen zwischen England und Hamburg ging es, als die Ratssitzung endlich beendet war und Bürgermeister von Lyskirchen zu ihm trat.

Nach einer respektvollen, aber herzlichen Begrüßung – beide kannten sich gut – legte Suderman gleich los:

„Ihr wesst, Herr Bürgermeister, dat ich met Liev und Siel ne Kölsche ben, jrad dröm denken ich, mer sollte uns janz op die Sick vun de meeschte Hansestädt stelle, domet mer nit widder – wie vör 100 Johr – verhanst[8] wäde. Dat hätt domols[9] dr Stadt un ehrem Handel ne Püngel Jeld jekoss. Mer möten, om widder uns ahl Rächte en

---
[8] Zeitweiliger oder dauernder Ausschluss aus der Hanse.
[9] Belagerung durch Karl den Kühnen 1477 ohne Schutz der Hanse.

England ze krijje, de Künnijin Elisabeth op et Daach steije. Dat künne mer ävver nor, wammer och de Hamburjer op uns Sick trecke, domet die denne Engländer un ehre merchants adventures keine Plaatz för ehren Handelskrom un kein Extrawöösch enrüme. Mer sollten uns nit en die Zänkerei zwesche England un Spanien enmesche, ävver mer künnte profeteere, wann de Spanier denne Engländer op dr Zahn föhle. De Hanse sollte immer wigger met <u>beidse</u> Sigge handele, ohne eine förzutrecke. Sich drusshalde hät uns noch nie jeschad."

„Sie wissen, Herr Bürgermeister, dass ich mit Leib und Seele Kölner bin, gerade darum denke ich, wir sollten uns ganz an die Seite der meisten anderen Hansestädte stellen, damit wir nicht wieder – wie vor 100 Jahren – verhanst[10] *werden. Das hatte damals*[11] *der Stadt und ihrem Handel viel Geld gekostet. Wir müssten, um wieder unsere alten Rechte in England zu bekommen, Königin Elisabeth unter Druck setzen. Das erreichen wir aber nur, wenn wir die Hamburger auf unsere Seite ziehen können, damit die den Engländern und ihren merchants adventures keine Handels- und Lagerungsplätze für ihre Waren einräumen. Wir sollten uns nicht in die Auseinandersetzungen zwischen England und Spanien einmischen, aber wir könnten davon profitieren, wenn die Spanier den Engländern gegenüber eine drohende Haltung einnehmen. Die Hanse sollte immer weiter mit beiden Seiten handeln, ohne eine vorzuziehen. Sich raushalten hat uns noch nie geschadet."*

Dass Suderman auch ausgeprägte persönliche Handelsinteressen in den Niederlanden hatte, musste er jetzt nicht unbedingt erwähnen. Außerdem konnte er davon ausgehen, dass von Lyskirchen das wusste.

Nach dieser engagierten Vorrede Sudermans sah von Lyskirchen ihn grübelnd an. Warum hatte er nur plötzlich das Gefühl, jede Entscheidung könnte falsch sein? Heute Morgen, als der Rat das Thema schon in der

---

[10] Zeitweiliger oder dauernder Ausschluss aus der Hanse.
[11] Belagerung durch Karl den Kühnen 1477 ohne Schutz der Hanse.

Sitzung behandelt hatte und mit Mehrheit dazu neigte, sich an die Seite Hamburgs zu stellen, war er doch noch so sicher!

Die Kaufleute Thomas von Minden[12] oder auch Dr. Rynck beispielsweise würden bestimmt nicht begeistert sein von einer Verhansung Kölns und viele andere auch nicht.

Er musste die Angelegenheit unbedingt mit seinen fünf Mitbürgermeistern besprechen, vielleicht sogar die 44er[13] einberufen lassen.Das alles ging von Lyskirchen durch den Kopf, während er Suderman vertröstete:

„Mer sollten et eesch ens afwade, Här Sydikus, wat de Hamburger dun. Dann well ich mich noch ens mem Stadtrot berode."

„Wir sollten erst mal abwarten, Herr Syndikus, wie sich die Hamburger entscheiden. Dann will ich mich noch mal mit dem Stadtrat beraten."

Ihm war bewusst: Dieser Entscheid konnte Suderman nicht befriedigen, aber dem Rat würde der Aufschub gefallen. Was gingen schließlich der Mehrheit der Ratsmitglieder die Interessen der immer so protzig auftretenden Kölner Englandfahrer an?

Zu Suderman gewandt sagte er nun diplomatisch:

„Ehr kapeet, Här Syndikus, dat dat, wat mer no fassläje, bis en winnichstens de nächste 10 Johre ricke deit.
Öhre Brassel för de Hanse ihrt üch, un ich well akkerat pröfe, wie ehr dat meint.
Un üvverhaup well ich die Saach met minge Amtsbröder beschwade un üch dann informeere. Ob de Hamburjer – met de wichtichste Lück en dr Hanse – kein eije Maachspillcher met denne Engländer drieve, möhte mir dobei och bedenke."

---

[12] Größter Händler in englischen Schaffellen.
[13] Je zwei Vertreter der 22 Gaffeln, die bei wichtigen Fragen zu hören waren.

„Ihr versteht, Herr Syndikus, so ein Entschluss reicht weit, vermutlich bis in die nächsten zehn Jahre. Euer Einsatz für die Hanse ehrt euch, und ich will euren Vorschlag gründlich abwägen.
Außerdem will ich die Angelegenheit mit meinen Amtsbrüdern besprechen und sie dann darüber informieren. Ob die Hamburger – mit die wichtigsten Partner in der Hanse – auch keine eigenen Machtspielchen mit den Engländern treiben, müssen wir dabei auch bedenken."

Suderman verstand ja die ehrenwerten Ziele des Bürgermeisters. Er wollte die Existenz der betroffenen Kölner Kaufleute und ihre Beziehungen zum englischen Markt nicht um eines – vielleicht sogar nur kurzfristigen – Erfolgs willen für die Gesamthanse infrage stellen. Dennoch hielt Suderman diese Sichtweise für kurzsichtig. Wusste von Lyskirchen denn nicht, dass man manchmal nur mit Entschlossenheit und Mut und nicht mit Opportunismus seine Ziele erreichen kann?

Nur wer Situationen und Entwicklungen geschickt nutzt, kann erfolgreich überleben.[14]

So etwa können wir uns den Einsatz Heinrich Sudermans vor 450 Jahren für „seine" Hanse in der Realität vorstellen.

Sudermans Lebensweg

Verfolgen wir nun Sudermans weiteren Lebensweg nach den historisch belegten Fakten, die nicht zuletzt aus seinem umfangreichen Schriftwechsel hervorgehen:

So sehr er auch stolz auf sein Amt war und die mit ihm verbundene Macht, die damit verbundenen häufigen und weiten Reisen wurden ihm allmählich lästig. Und die ständigen Auseinandersetzungen unter den Städten auch mit den Landesherren um Privilegien und Vorrechte zer-

---

[14]   Köln hatte tatsächlich abgewartet, wie sich Hamburg entscheiden würde.

mürbten ihn. Er musste sich zwar eingestehen, dass er sich selbst in diese Lage gebracht hatte durch seine damalige Denkschrift, mit der er einen Syndikus für die Hansestädte empfahl. Die Wucht der hansestädtischen Egoismen hatte er aber unterschätzt.

Inzwischen wäre er gerne bei einem Fürsten in ähnlicher Funktion in Dienst getreten. Das hätte ihm ein ruhigeres Leben gesichert und wahrscheinlich auch ein zuverlässigeres Einkommen. Bei den Hansestädten musste er darum immer wieder kämpfen, nicht zuletzt weil diese ständig ihre Zuschüsse an die Hanse, den Schoss, bezweifelten oder ganz verweigerten, sogar seine Vaterstadt Köln! Dennoch setzte diese sich – sehr widersprüchlich – gegenüber der Hanse für die Zahlungen an Suderman ein. Nur aus den Schössen wurde nämlich das Einkommen Sudermans bezahlt. Selbst die Verpfändung des Antwerpener Kontors an ihn konnte ihn nicht zufriedenstellen, denn die Einkünfte des Hauses waren auch von den Schosszahlungen der Hansestädte abhängig, und die blieben strittig. Er beklagte sich oft in seinen Briefen darüber, und wenn er nicht von Hause aus so vermögend gewesen wäre, hätte er sich das Amt gar nicht leisten können.

Er war so vermögend, dass er u. a. einen eigenen „Hausarmen"[15] unterhalten konnte.

Der Grund, dass er seinen Vertrag mit der Hanse dennoch 1576 verlängerte, (diesmal sogar auf Lebenszeit) war – das musste er sich eingestehen – das Ansehen, das er mit seiner Stellung als Syndikus der Hanse genoss und sicher auch mangels vergleichbarer Alternativen. Seine Stellung kam auch seinen persönlichen Geschäften an dem damit verbundenen Aufenthaltsort Antwerpen zugute. Diese Interessenverquickung sahen die Hansestädte im Übrigen nicht gern, und so führte das manchmal zu Auseinandersetzungen über die Erstattung von Reisekosten.

Im Sommer 1567 zog Suderman mit seiner Familie nach Antwerpen, weil die Hanse wünschte, dass ihr Syndikus ständig am Sitz des Hauptkontors wohnte. Aber schon im Oktober 1568 schickte er seine Familie auf Anraten seines Vaters wegen der politischen Unruhen in den

---

[15] Wirtschaftlich armer Mensch, der persönlich von wohlhabenden Bürgern unterhalten wurde.

Niederlanden[16] wieder nach Köln zurück. Nicht zuletzt hatte auch die Stadt Köln etwas dagegen, dass ihre Kaufleute – dazu gehörte Suderman schließlich auch – unbedingt am Ort des Hansekontors wohnen sollten.

Als das Antwerpener Kontor infolge der kriegerischen Auseinandersetzungen 1576 mehrmals geplündert worden war, reiste Suderman wieder nach Antwerpen, um mit dem habsburgisch-spanischen Stadthalter Don Juan d'Austria um Schadensersatz zu verhandeln.

Im Dezember 1576 starb seine Frau. Auch eines seiner Kinder starb vor ihm.

1581 reiste er mit einer Delegation nach Prag zu Kaiser Rudolf II., um ihn um Unterstützung der Hanse gegenüber England zu bitten.

In derselben Angelegenheit reiste er ein Jahr später auch nach Augsburg zum Reichstag.

Suderman starb während seines letzten Hansetags in Lübeck am 31.08.1591. Er hatte rechtzeitig bestimmt, dass er in Köln bei den Minderbrüdern/Minoriten in der Gruft seiner Eltern bestattet werden wollte.

So trat Heinrich Suderman seine letzte Reise von Lübeck nach Köln an, auf eine höchst ungewöhnliche Weise, nämlich – wie Hermann Weinsberg in seinen Tagebuchaufzeichnungen schreibt – **als Handelsgut in Ochsenfelle verpackt,** weil sich im evangelischen Lübeck kein Spediteur fand, der einen Leichnam – und dann noch einen katholischen – so weit transportieren wollte. Die Zeiten waren zu unruhig. Am Vorabend des Dreißigjährigen Krieges liefen die Konfessionsgrenzen kreuz und quer durch Deutschland, mit wechselnden Verläufen. Die fanatisierte Bevölkerung suchte immer wieder neue Ventile: Ein Überfall auf den Leichnam eines Katholiken, um diesen zu schänden, war nicht auszuschließen.

Die Minderbrüder – St. Minoriten – haben heute leider keinen Nachweis mehr über seine Bestattung, weder als Dokument noch in Form eines Grabsteins.

---

[16] Freiheitskampf/Aufstand der Niederländer gegen Spanien 1567–1609.

SUDERMANS PERSÖNLICHKEIT

Der Jesuit Johann Rhetius bezeichnete Heinrich Suderman in einem Brief als einen „gelehrten und aufgeschlossenen Mann, der sich sehr für die Wissenschaft" einsetze. Suderman war also nicht nur Kaufmann und Jurist, sondern auch ein vielseitig gebildeter Humanist ohne religiöse Scheuklappen, was man aus seinen Kontakten und Korrespondenzen erschließen kann. So schrieb sich Suderman u. a. mit Heinrich Rantzau, dem bedeutenden Humanisten, Protestanten und langjährigen königlich-dänischen Stadthalter für die Herzogtümer Schleswig und Holstein. Rantzau veröffentlichte u. a. – unter Pseudonym – einmal ein Gesellschaftsbild, das ein Vorbild für die UN-Charta hätte bilden können.

In einem Brief an Heinrich Rantzau vom 18.02.1586 beklagte der überzeugte Katholik Suderman die Vertreibung unzähliger (protestantischer!) Einwohner und die Zerstörung eines Drittels der Häuser Antwerpens durch die spanischen Truppen unter Alexander Farnese, Herzog von Parma und Piacenza. Er bat Rantzau sich bei seinem Fürsten, dem dänischen König Friedrich II., für Friedensbemühungen in den Niederlanden einzusetzen und evtl. gar als Vermittler zwischen den streitenden Parteien aufzutreten.

In ihrer Korrespondenz gingen Rantzau und Suderman auch jeweils auf ihre Familienmitglieder ein, d. h., sie waren wohl auch miteinander befreundet.Suderman stand auch einem Kreis katholischer Reformtheologen nahe, dem ebenfalls der Bürgermeister Konstantin von Lyskirchen und Georg Cassander[17] angehörten. Letzteren und Heinrich Bars[18], genannt Olisleger, konnte er als Lehrer für seine Söhne gewinnen. Durch Cassander lernte er auch Cornelius Valerius kennen, einen zu dieser Zeit sehr berühmten Lateinlehrer der Universität Löwen.

---

[17] * 1512 in Brügge, † 1566 in Köln, gelehrter Kirchenkritiker und Verehrer des Erasmus von Rotterdam, Ratgeber Kaiser Ferdinands und weiterer Fürsten.
[18] * vor 1500, † 1575, gelehrter Vermittlungstheologe, Kanzler des Herzogs von Cleve, mit der Schwester Heinrich Sudermans verheiratet.

Georg Braun, Dekan an Maria ad gradus und Herausgeber des sechsbändigen Werks civitas orbis terrarum[19], war mit Heinrich Suderman eng befreundet (er gehörte sogar zu seinen Erben) und ließ das bekannte Porträt Sudermans anfertigen. Wie wirklichkeitsnah dieses Porträt war, geht aus einer Aufzeichnung Hermann Weinsbergs – der ihn persönlich kannte – hervor, in der er Suderman u. a. als „als etwas schelle an einem auge" beschreibt. Braun war ebenfalls als Lehrer eines der Söhne Sudermans in dessen Haus gekommen.

Er besaß eine für damalige Verhältnisse umfangreiche Bibliothek und stand auch mit mehreren Druckern in Verbindung. Sogar Bonaventura Vulcanius, ein damals berühmter Professor an der Universität Leiden, lieh sich aus Sudermans Bibliothek mehrere Werke für seine Studien.

Suderman muss auch ein gefühlvoller Ehemann und Vater gewesen sein, was ebenfalls seine Briefe belegen.

Alles in allem kann man feststellen: Suderman hatte sich als aufrechte Persönlichkeit redlich um die Hanse bemüht, es war ihm aber trotz seiner wahrscheinlichen Eloquenz, seiner vielfältigen Beziehungen und seiner hohen Bildung in seiner langjährigen Tätigkeit als ihr Syndikus (Geschäftsführer/Generalsekretär) nicht gelungen, aus der Hanse wieder eine machtvolle Organisation zu bilden.

Hinderlich waren sicher die stark ihre eigenen Interessen verfolgenden auseinanderstrebenden Kräfte ihrer Mitglieder. Dass sich eine solche Handelsorganisationsform aber auch wegen der gesellschaftlichen und politischen Entwicklung in Europa – wie schon erwähnt – längst überholt hatte, konnte Suderman damals noch nicht erkennen.

Dennoch ehrte ihn die Stadt Köln durch eine Figur auf dem Ratsturm und indem sie Ende des 19. Jahrhunderts, nachdem sie die mittelalterlichen Stadtmauern hatte einreißen lassen, eine Straße und einen Platz nach ihm benannte, nämlich – sinnigerweise – am Ende des Hansarings, wo dieser auf den Ebertplatz stößt. Dass die Stadtverordneten damals bei der Namensvergabe von Straßen in den neuen nördlichen Stadtteilen die

---

[19] Ein berühmtes Städteansichtswerk des 16. Jahrhunderts.

Hanse besonders im Blick hatten, geht auch aus den Straßennamen Lübecker Str. und Hamburger Str. hervor, die als Seitenstraßen des Hansarings nach den wichtigsten Städten der Hanse benannt wurden.

Wenn wir die Hanse mit der heutigen, in ihren Zielen ähnlichen (im Wesentlichen weltweit freien und sicheren Handel gewährleisten), aber natürlich deutlich größeren WTO vergleichen, können wir manchmal feststellen, dass deren heutiger Generalsekretär Roberto Azevédo[20] noch machtloser ist als damals Heinrich Suderman.

Zwar kämpfte Suderman eher für den Erhalt von Privilegien und Monopolen und der Vorgänger Azevédos, Lamy, setzte sich zielgemäß für das Gegenteil ein, nämlich den Abbau von Handelsbeschränkungen und Monopolen, aber die kurzsichtigen Eigeninteressen großer Staaten und weltweit operierender Unternehmen muss auch er unter einen Hut zu bringen versuchen.

Wir brauchen nur zu denken an
- die gegenseitigen Vorwürfe der USA und der EU, wenn es um die Subventionen ihrer Flugzeugindustrien geht,
- den Kampf um zollfreie Zugangsrechte für landwirtschaftliche Produkte aus Entwicklungsländern in die EU,
- um willkürliche Preiserhöhungen der OPEC für Erdöl oder
- um die Macht weltweit operierender Konzerne. Sie können sogar Revolutionen anzetteln (United Fruit Company in Chile).

Wir können sehen: Damals wie heute weichen die Mitglieder der Organisationen hin und wieder von den gemeinsamen Zielen ab, um sich eigene Vorteile zu verschaffen.

Nur: Das Instrument der „Verhansung" kann Azevédo heute leider nicht mehr anregen, geschweige denn durchsetzen.

---

[20] Seit 01.09.2013.

Heinrich Suderman

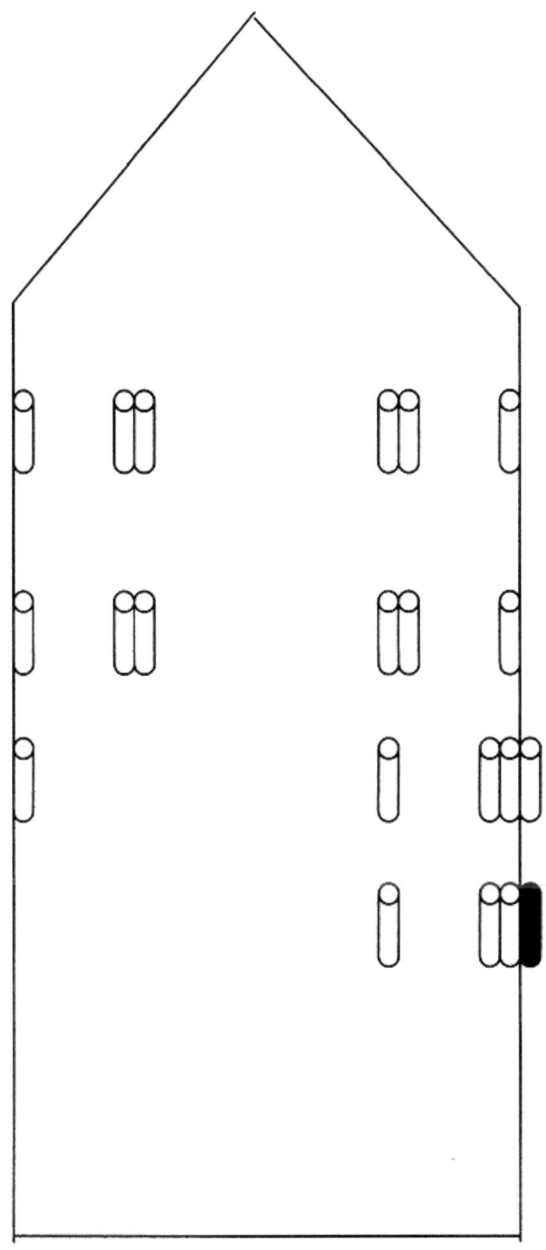

Gürzenich-Seite (Süden)

Hat der Kölner Erzbischof Anno II. die Abtei Brauweiler bestohlen?

Wer war Anno II.?
Wie kommen die Gebeine der polnischen
Königin Richeza in den Kölner Dom?
Wer war Richeza?

Wichtigster Streitgegenstand

Anno II. und sein Verhältnis zu den Ezzonen
Was war wirklich der letzte Wille Richezas?
Der heilige Nikolaus greift ein

Unsere Geschichte beginnt am Anfang des Hochmittelalters, das die europäischen Mediävisten heute etwa mit der Mitte des 11. Jahrhunderts ansetzen und gegen 1250 enden lassen. Sie spielt sich überwiegend im Rheinland ab.

Beteiligte Personen

Auf der einen Seite

1. die polnische Königin Richeza (um * 995, † 1063) von der lothringischen Pfalzgrafenfamilie der Ezzonen, die um diese Zeit zum krönungsfähigen Hochadel zählte (ihre Mutter Mathilde war eine Tochter Kaiser Ottos II.),
2. die Äbte Tegeno (Abt von 1053 bis 1065) und Wolfhelm (Abt von 1065 bis 1091)
   sowie
3. der heilige Nikolaus.

Auf der anderen Seite
die Kölner Erzbischöfe Anno II., Hildolf, Sigewin und Hermann III.

WER WAR ANNO II.?

Der um 1010 geborene Anno stammte aus einem niederen schwäbischen Adelsgeschlecht, machte Karriere über die kirchliche Laufbahn und wurde von Kaiser Heinrich III. zunächst als Hofkaplan übernommen. 1056 ließ er ihn zum Kölner EB wählen. Von 1062 bis 1065 machte sich Anno durch die Entführung des zwölfjährigen Kaisersohns und Thronfolgers Heinrich (s. auch Dieter Herion: „Als über Köln noch Hexen flogen …") praktisch zum Regenten des Deutschen Reichs. In dieser Zeit verschaffte er sich bzw. seinem Erzbistum reichlich Einkünfte, Güter und Klöster aus königlichem Besitz. Er starb 1075 und wurde in einer dreitägigen Prozession in die von ihm gewünschte Grablege des Siegburger Klosters überführt. Als man seine Gebeine anlässlich seiner Heiligsprechung 1183 erhob, legte man sie in einen von Nikolaus von Verdun angefertigten Schrein.

Die Persönlichkeit Annos II. wird von den Chronisten unterschiedlich beschrieben: Mal gilt er als machtbewusster, grausamer und zielstrebiger Politiker, mal als mildtätiger und gerechter Herrscher. Beispiele:
- Die Entführung des jugendlichen Königs Heinrich IV. in Kaiserswerth 1062[21]
- Bekannte Fälle von Nepotismus:
  - Gewaltsame Einsetzung seines Bruders Werner (vorher Propst von St. Maria ad gradus) zum Magdeburger EB.
  - Anno versuchte gegen den Willen von Klerus und Volk seinen Neffen Conradus zum EB von Tier einzusetzen.
  - Ein Onkel wurde Propst von St. Maria ad gradus.
  - Seine Nichte Jutta brachte er als Äbtissin des Cäcilienstifts in Köln unter.

---

[21] S. a. Dieter Herion: „Warum Kaiser Heinrich nach Canossa ging", in: „Als über Köln noch Hexen flogen …".

- Aufstand der Kölner Kaufleute 1074 gegen Anno und seine grausame Rache

Aber auch – überwiegend basierend auf dem von einem dankbaren Siegburger Mönch 1105 verfassten Loblied auf Anno, der „Vita Annonis" –:
- Gründung mehrerer Kirchen und Klöster, um sich ein christliches Denkmal zu setzen (St. Georg, Hospital zum Hl. Geist – heute Teil des Domhotels –, Kloster Michaelsberg, Saalfeld auf dem Petersberg in Thüringen).
- Wegen seiner Machtstellung im Reich gelang es ihm, das Papstschisma von 1064 zu beenden.
- Anno lässt 1070 in seine Gründung Siegburg reformfreudige Mönche aus dem oberitalienischen Fruttuaria (nördlich von Turin) einziehen.
- Anno lässt – nach der „Vita Annonis" – einmal einige Dirnen zu sich kommen, schilt sie, lässt sie beichten, begütigt sie mit Geschenken und bringt sie entweder zum Gelübde der Keuschheit oder zu einer ehrenhaften Ehe.
- Anno hilft – wiederum nach der „Vita Annonis" – einer Stiftsdame von St. Ursula ihr Kind in der Fremde heimlich zur Welt zu bringen und sie ins Stift zurückkehren zu lassen, selbstverständlich nach vorheriger Beichte und Reue.

Wie kommen die Gebeine einer polnischen Königin in den Kölner Dom?

Als Anno fand, dass die von ihm 1057 geweihte Kirche und das Stift St. Maria ad gradus finanziell nicht ausreichend ausgestattet waren, suchte er nach weiteren Quellen. Da kam ihm der Tod Königin Richezas 1063 gerade recht. Obwohl sie im Frühjahr 1056 in Gegenwart Annos die Übertragung ihrer Besitzungen nach ihrem Tod in Coburg und Saalfeld dem heiligen Petrus (Kölner Dom) beurkunden ließ, reichte das Anno offenbar nicht. Gleichzeitig ließ sie zwar auch ihre Besitzungen in Clotten/Klotten an der Mosel dem heiligen Nikolaus (Brauweiler) übertragen, aber nach dem Tod Richezas griff Anno auch nach diesen Besitzungen. Wie konnte es dazu kommen?

Stellen wir uns nun also folgendes fiktives Ereignis vor:
Nach dem Tod der polnischen Königin Richeza am 21.03.1063 in Saalfeld wurde unverzüglich ein reitender Bote nach Brauweiler geschickt, um die traurige Botschaft zu überbringen und damit die Mönche die Familiengruft der Ezzonen in der Abtei Brauweiler auf einen weiteren Zugang zur letzten Ruhe vorbereiten konnten.

Als das Schiff mit dem königlichen Leichnam in Köln erwartet werden sollte, hatten die Mönche schon mit ihrem Leiterwagen in Köln das Rheinufer erreicht.

Unterhalb des Doms war das Ufer schwarz von Menschen. Das große Ereignis hatte sich rasch in der Stadt herumgesprochen. Mit freudiger Erregung sahen sie zu, wie das Schiff aufs Ufer gezogen wurde.

Doch dann geschah etwas Unerwartetes:
Aus der gaffenden Menschenmenge drängte sich plötzlich ein Trupp Bewaffneter in den erzbischöflichen Farben an dem wartenden Wagen der Mönche vorbei aufs Schiff. Der Anführer befahl dem Schiffsführer herrisch: „Übergib uns sofort den Leichnam der Königin! Unser Erzbischof will es so."

Der Schiffsführer hatte zwar den Auftrag, den Sarg den Brauweiler Mönchen zu übergeben, die er schon am Ufer warten sah, dennoch folgte er dem Befehl des Anführers der „Erzbischöflichen". Auch der Bischof von Würzburg, der den Leichnam Richezas begleitet hatte, griff nicht ein. Wusste er, was passieren würde?

Da half kein Lamentieren und Protestieren der Mönche. Die bewaffnete Schar des Erzbischofs wirkte auf den Schiffsführer vermutlich einfach „überzeugender" als das Häuflein der wartenden Kuttenträger.

Niedergeschlagen, aber auch empört und wütend zogen die Mönche mit ihrem Wagen und ohne die erhoffte kostbare Fracht nach St. Nikolaus in Brauweiler zurück, die erzbischöflichen Reiter aber im Triumphzug mit dem Sarg Richezas und einer zahlreichen Volksmenge hinauf zur Kirche St. Maria ad gradus.

Sarkophag von Königin Richeza in der Johanneskapelle des Kölner Doms mit den Bildnissen Annos II. und Richezas

Wie hatte es dazu kommen können?

Wer war Richeza?

Richezas Vater war der Pfalzgraf Ezzo von Lothringen, ihre Mutter Mathilde, eine Tochter Kaiser Ottos II. und Theophanus.

Pfalzgrafen waren ursprünglich lediglich Verwalter von Pfalzen, d. h. den Aufenthaltsorten der mittelalterlichen „Reisekaiser"[22]. Sie stiegen, wenn die Familien lange genug überlebten und entsprechendes Machtbewusstsein entwickelten, zu den späteren Kurfürsten des römisch-deutschen Kaiserreichs auf.

---

[22] Eine Hauptstadt und Residenz des römisch-deutschen Kaisers gab es erst mit den Habsburgern seit 1438, und zwar in Wien.

Zum Zeitpunkt der Geburt Richezas (um 995) hatte Ezzo schon die Stellung eines Herzogs erreicht. Während sein Sohn Hermann als Hermann II. zum Erzbischof von Köln bestimmt wurde, wurde sein Sohn Otto der einzige männliche Erbe von Ezzos Herzogtum, der aber schon zu Lebzeiten die rheinischen Gebiete gegen das Herzogtum Schwaben tauschte. Damit starben die rheinische Linie der Ezzonen und ihr Pfalzgrafentum hier aus.

Richeza heiratete 1013 Mieszko von Polen und wurde an seiner Seite 1025 Königin von Polen.

Nach seinem Tod musste sie 1036 Polen verlassen und zog nach Saalfeld, einem ihrer ererbten Besitzungen.

Wie kamen die Ezzonen überhaupt an ihre Besitztümer? Kaiser Heinrich II. hatte das Gebiet um Saalfeld 1012 Ezzo geschenkt.

Exkurs
Wie kamen überhaupt Menschen um 1000 n. Chr. (oder vorher) an Grundeigentum?

Grundbücher gab es noch nicht, ebenfalls kein Liegenschaftskataster, so dass in Grundbesitz kein offizieller und nachweisbarer Handel stattfinden konnte. Im christlich geprägten Mittelalter galt der Grundsatz: Wer dem natürlichen Gesetz folgt, der wird sich unter den Bedingungen des natürlichen Überflusses (lt. Bibel: Gott gibt uns reichlich allerhand zu genießen) daher auf den Gebrauch dessen beschränken müssen, was von anderen noch nicht zu deren eigenem Gebrauch bearbeitet worden ist.

Da kaum anzunehmen ist, dass schon die Vorfahren Richezas den Grundbesitz Clotten „in Gebrauch genommen" haben, ist zu vermuten,

1. *er ist ihnen durch ihre Stellung als Pfalzgrafen über dieses Gebiet unbestreitbar,*
2. *durch Eroberung von anderen möglichen Besitzern oder*
3. *durch Schenkung*

zugefallen.

Wichtigster Streitgegenstand

Klostergut Clotten an der Mosel.

Sowohl Brauweiler als auch Maria ad gradus waren dem Kölner EB unterstellt. Hatte der EB nicht die Macht und das Recht, Brauweiler eine Pfründe zu entziehen und auf Maria ad gradus zu übertragen?

Warum Kaiser Heinrich IV. und schließlich auch Papst Gregor VII. den Kölner Erzbischof Hildolf, einen Nachfolger Annos auf dem erzbischöflichen Stuhl, aufforderten, Clotten an Brauweiler zurückzugeben, ist wohl damit zu begründen, dass der beweisbare letzte Wille einer verstorbenen Person als eines der höchsten Rechtsgüter galt. Die persönliche Feindschaft des Kaisers zu Anno könnte auch eine Rolle gespielt haben.

Klotten an der Mosel heute

Anno II. und sein Verhältnis zu den Ezzonen

Anno erkannte früh die zunehmende Verwaisung des lothringischen Pfalzgrafentums:

Von Ezzos zehn Kindern hatten nur Richeza, Adelheid und Otto Kinder. Keines war an einer Machtposition am Niederrhein interessiert oder fähig eine solche zu übernehmen.

Sein Sohn Hermann war Erzbischof von Köln geworden, seine Tochter Richeza mit dem polnischen König verheiratet worden.

Der älteste Sohn Ezzos, Luidolf, war vor seinem Vater gestorben.

Otto, der einzige Erbe Ezzos für das rheinische Herzogtum, hatte 1045 das Herzogtum Schwaben übernommen und anscheinend das Interesse an seinen niederrheinischen Gebieten verloren.

Jemand musste über das Gebiet des Pfalzgrafen nun die Herrschaft ausüben. Deshalb griff nach und nach EB Anno zu.

Was war wirklich der letzte Wille Richezas?

Richeza hatte aus ihrem umfangreichen Vermögen u. a. das reiche Klostergut Clotten an der Mosel im März 1056 mittels Urkunde auf das Kloster Brauweiler übertragen, weil dieses Kloster von ihren Eltern als Familiengrablege der Ezzonen vorgesehen worden war und sie die Mönche des Klosters aus den Einkünften von Clotten versorgt sehen wollten. Aber warum behielt sie sich die lebenslangen Nutzungsrechte vor? Ohne diese Rechte hatte das Kloster ja nichts davon. Wollte Richeza sich eine spätere anderweitige Übertragung vorbehalten? Dafür könnte sprechen, dass sie

1. fast immer Prekarienverträge schloss (einen Leihvertrag, in dem sich der Leihgeber das jederzeitige Widerrufsrecht wie auch die Nutznießung des Leihguts vorbehält) und
2. mit ihrem Bruder, EB Hermann II. von Köln, die von diesem gegründete Kirche St. Maria ad gradus mit umfangreichen Schenkungen auszustatten beabsichtigte.

In einer Urkunde aus dem Jahr 1054 hatte sie erklärt, sie habe den Ort ihres Begräbnisses an der Seite ihrer Mutter gewählt. Und die lag in Brauweiler. Später soll sie angeblich – eine Urkunde dazu liegt nicht und lag wahrscheinlich auch nie vor – verfügt haben, das Klostergut sollte der Kirche zukommen, in der sie ihre letzte Ruhestätte finden würde. Aber kurz vor ihrem Tode habe sie angeblich – s. o. – bestimmt, ihr Leichnam solle nach Köln (und nicht nach Brauweiler) überführt werden. In einer Urkunde von 1058 erklärte Richeza, sie wolle an dem Ort begraben werden, den sie kurz vor ihrem Hinscheiden benennen werde. Eine diesbezügliche Äußerung ist aber nicht belegt.

Der heilige Nikolaus greift ein

Trotz häufiger Mahnungen des Klosters an die Kölner Erzbischöfe ließen sich Anno II., Hildolf, Sigewin und Hermann III. nicht auf die Rückgabe Clottens ein. Obwohl Abt Wolfhelm im Namen des heiligen Nikolaus gegen Ende des 11. Jahrhunderts folgenden Brief an Erzbischof Anno II. (Übersetzung nach Giesberg 1862) schrieb:

„Ich wundere mich über Dich, Bruder, dass Du, aufgereizt durch einige gottlose, neidische Schmeichler, ich weiß nicht warum, so aufgebracht bist, dass Du nicht ablässest mir wehe zu tun und die mir von gottseligen Leuten geschenkten Güter gegen göttliches und menschliches Recht zu entreißen!

Gehe doch in Dich und erwäge, wie unrecht Du dabei handelst! Denn warum tust Du mir, was Du nicht wünschst, was Dir geschehe?

Du selbst hast bei der Einweihung meiner Kirche das alles mit dem Banne des heiligen Petrus und dem Deinigen bekräftigt. Siehe also zu, dass nicht Deine Nachfolger, durch Dein Beispiel verführt, die Beschlüsse solcher Bischöfe und selbst die Deinigen gering achten, auch Deine Güter anzugreifen, sie Deiner Kirche zu entziehen und zu beliebigen Zwecken verwenden!

Denn mit demselben Maße, wie der Herr sagt, womit ihr ausmesst, wird Euch ausgemessen werden. Fürchte also Gottes Gericht! Versuche ihn nicht, auf dass nicht unser aller Fürsprecher, durch unsere Klagen erzürnt, Dich aus diesem Leben nimmt und den ewigen Peinen überliefert. ... Je höher Du unter den Menschen stehst, desto mehr bist Du ihren Blicken ausgesetzt; daher muss Dein Tun und Lassen nicht nur nichts Tadelnswertes, sondern Löbliches enthalten."

Aber auch dieser Brief führte nicht zum gewünschten Erfolg. Erst das Eingreifen des Papstes sorgte schließlich für die Rückgabe des Klosterguts an die Brauweiler Abtei.

Den heiligen Nikolaus anzurufen und um Hilfe zu bitten, war zu dieser Zeit gar nicht so abwegig. Denken wir nur an die sogenannten Gottesurteile, die sich in unserem Raum teilweise bis ins 15. Jahrhundert hielten, bei Hexenprozessen sogar bis ins 17. Jahrhundert. In der Sage von Lohengrin und der gleichnamigen Oper von Richard Wagner begegnet uns das heute noch bekannteste Gottesurteil.

Manche Leute behaupten sogar, Gottesurteile gäbe es – bei weiter Auslegung – auch heute noch und begründen das mit dem bekannten Spruch „vor Gericht und auf hoher See sind wir alle in Gottes Hand".

Erzbischof Anno II.

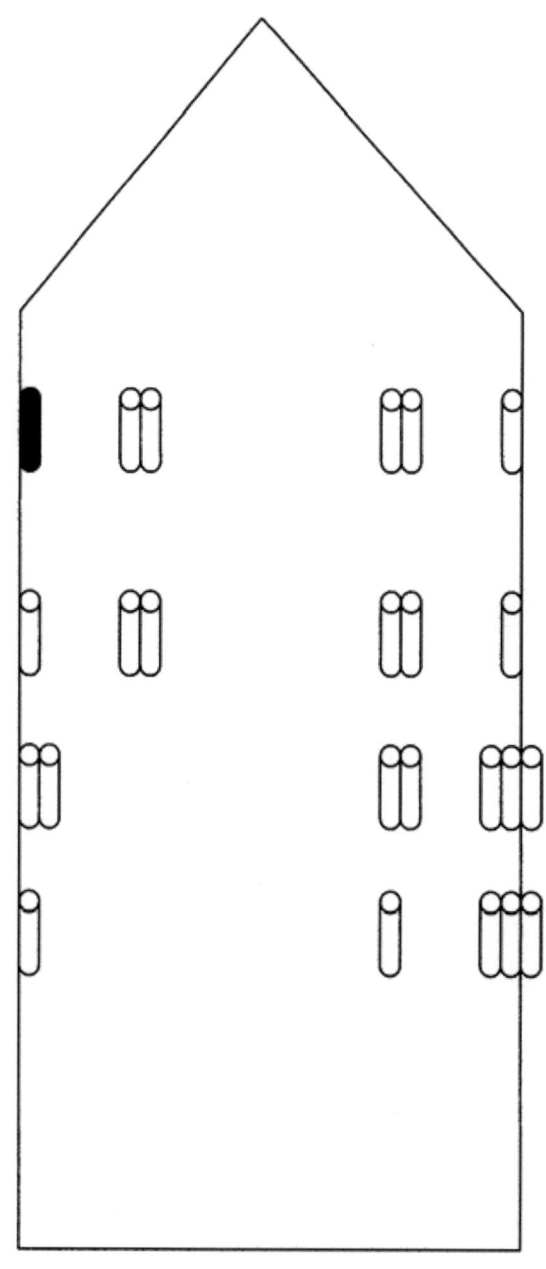

Gürzenich-Seite (Süden)

Es sind Ketzer in Köln!

Kurze Geschichte der Nichtkatholiken in Köln (Katharer, Bettelorden, Beginen, Täufer/Wiedertäufer, Reformierte)

Einleitung
Was ist ein „Ketzer"?
Warum wurden Ketzer verfolgt und von wem?
Die wichtigsten Ketzerbewegungen in Köln, woher sie kamen, was sie wollten und was aus ihnen wurde

Einleitung

„Et sin Ketzer en Kölle!", rief aufgeregt der vierzehnjährige Matthias seiner Mutter zu, als er im Frühjahr 1630 vom Altermarkt durch Obenmarspforten zu seinem Elternhaus lief, dem großen Kaufmannshaus Unter Wappensticker.

„Ketzer?", fragte seine Mutter Drutgin, als Matthias schließlich mit hochrotem Kopf bei ihr in der Küche stand. Sie war eine intelligente Frau, die in der Klosterschule lesen und schreiben gelernt hatte, und sie verschlang immer noch jedes Buch, das ihr in die Hände fiel, wenn sie sich neben ihrem umfangreichen Haushalt ein wenig Zeit nehmen konnte. Das ging ihr auch mit den Zeitungen so, die ihr Mann ihr hin und wieder von seinen Geschäftsreisen nach Straßburg oder Amsterdam mitbrachte. Manchmal wunderte sie sich darüber, dass sie noch nicht denunziert worden war. Frauen, die zu viel wussten, waren generell gefährdet. Das hätte sie nur vom Teufel gelernt haben können, würde das hohe Gericht vermuten.

„Nu setz dich ens her un verzäll ens, wat do jesinn häs", forderte sie Matthias auf, unterbrach ihre Arbeit und zog ihn neben sich auf die Ofenbank.

Aufgeregt und etwas ängstlich berichtete Matthias:

„Op dem Aldermaat steiht ene Käl, dä verzällt denne Lück, dat se et falsche jläuven däte, und dat se nix han dürfte, wat ihr Eije es, dat et kein Hillije jöv und kein Sakramente und kei Fächför. Vill Lück woren vies wödich und roften luter Ketzer, Ketzer. Andre refe: Sid doch ens stell! Losst en doch ens schwade. Un de Büttel woren och schon do! –
Stemmp dat, Mamm, wat dr Käl do verzällt? Un wat möhte mer noh dun? Wat passeet jetz met uns?"
Drutgin legte ihren Arm um Matthias' Schulter und zog ihn an sich: „En dr letzte Zick laufe luter fremde Prädijer en dr Stadt eröm, die de Minsche wiesmache welle, dat alles verkeet es, wat en dr Kirch verzallt weed un wat se bes hück jejläuv han", versuchte Drutgin Matthias zu beruhigen. „Su en Lück, die an nix jläuve, jit et zick anno pief. Do kenns jo vun dr Scholl allt mänche Vrzällcher vum Cäsarius vun Heisterbach us singem ‚Großen Dialog von den Gesichten und Wundern'", fuhr sie vorsichtig fort. „Och hä hätt allt vör 400 Johr met denne Ketzere hanteet un e Boch jeschrivve ‚Wider die Irrtümer der Ketzer unserer Zeit'[23], un dr jroße Kölsche Jelehte Albertus Magnus – vun däm ich deer allt ens verzallt han – hät ens de jecke Verzäll üvver unse Jlaube vum David von Dinant us dem 13. Johrhundert widderlaat. Un vill andere jeliehrte Minsche vör un noh denne han sich met Ketzere explizeet un ehre jecke Verzäll luter un luuter widderlaat."

„Es sind Ketzer in Köln!", rief aufgeregt der vierzehnjährige Matthias seiner Mutter zu, als er im Frühjahr 1630 vom Altermarkt durch Obenmarspforten zu seinem Elternhaus lief, dem großen Kaufmannshaus Unter Wappensticker.
„Ketzer?", fragte seine Mutter Drutgin, als Matthias schließlich mit hochrotem Kopf bei ihr in der Küche stand. Sie war eine intelligente Frau, die in der Klosterschule lesen und schreiben gelernt hatte, und sie verschlang immer noch jedes Buch, das ihr in die Hände fiel, wenn

---

[23] Schönbach, A. E.: Studien zur Erzählungsliteratur des Mittelalters, 2005.

sie sich neben ihrem umfangreichen Haushalt ein wenig Zeit nehmen konnte. Das ging ihr auch mit den Zeitungen so, die ihr Mann ihr hin und wieder von seinen Geschäftsreisen nach Straßburg oder Amsterdam mitbrachte. Manchmal wunderte sie sich darüber, dass sie noch nicht denunziert worden war. Frauen, die zu viel wussten, waren generell gefährdet. Das hätte sie nur vom Teufel gelernt haben können, würde das hohe Gericht vermuten.

„Nun setz dich mal her und erzähl mir, was du gesehen hast", forderte sie Matthias auf, unterbrach ihre Arbeit und zog ihn neben sich auf die Ofenbank.

Aufgeregt und etwas ängstlich berichtete Matthias: „Auf dem Altermarkt steht ein Mann, der erzählt den Leuten, dass sie den falschen Glauben hätten, und dass sie kein Eigentum haben dürfen, dass es keine Heiligen gäbe und keine Sakramente und kein Fegefeuer. Viele Leute sind sehr wütend und rufen immerzu Ketzer, Ketzer. Andere rufen: Seid doch mal still! Lasst ihn doch mal reden. Und die Büttel waren auch schon da! –

Stimmt das, Mutter, was der Mann da erzählt hat? Und was müssen wir jetzt tun? Was passiert jetzt mit uns?"

Drutgin legte ihren Arm um Matthias' Schulter und zog ihn an sich: „Seit einigen Jahren schon laufen wieder fremde Prediger in der Stadt herum, die den Menschen einreden, dass alles verkehrt ist, was die Kirche ihnen erzählt und was sie bisher geglaubt haben", versuchte Drutgin Matthias zu beruhigen. „Diese Zweifler gibt es seit Jahrhunderten. Du kennst ja von der Schule schon manche Erzählungen des Cäsarius von Heisterbach aus seinem ‚Großen Dialog von den Gesichten und Wundern'", fuhr sie vorsichtig fort. „Auch er hat sich schon vor 400 Jahren mit Ketzern beschäftigt und ein Traktat geschrieben ‚Wider die Irrtümer der Ketzer unserer Zeit'[24], und der große Kölner Gelehrte Albertus Magnus – von dem ich dir einmal erzählt habe – hat einmal die Irrlehren des David von Dinant im 13. Jahrhundert widerlegt. Und viele andere kluge Menschen vor

---

[24] Schönbach, A. E.: Studien zur Erzählungsliteratur des Mittelalters, 2005.

und nach ihnen haben sich mit Ketzern auseinandergesetzt und ihre Lehren immer wieder als falsch bewiesen."

Drutgin hatte schon vieles über Häretiker und Ketzer gehört und gelesen. Nun erinnerte sie sich auch an manche Gespräche, die sie mit ihrem Beichtvater, Pater Lupus, darüber geführt hatte. Und sie erzählte Matthias, was sie über die Geschichte des Ketzerwesens wusste:

Was ist ein Ketzer?

Ketzer entstand aus dem Wort Katharer, das eine christliche Reformbewegung des 11. Jahrhunderts bezeichnet.

Die erfolgreiche Bewegung der Katharer, übersetzt: die Reinen (aus dem griechischen Katharsis = Reinigung)[25], war für die Kirche die gefährlichste Verkörperung von Abweichung, weil ihre Vorstellungen der im Neuen Testament beschriebenen Lebensweise von Jesus und seinen Jüngern so nahe kamen. Deshalb wurde schließlich seit dem 12. Jahrhundert jeder Abweichler ein Katharer bzw. ein „Ketzer".

Die kirchliche Obrigkeit (der Papst) bezeichnete seit dem Mittelalter jede Abweichung von kirchlichen Dogmen als Häresie und gab diesem Ausdruck einen abwertenden Sinn. Dabei befürwortete der Apostel Paulus – mit seinen Briefen der eigentliche Schöpfer der christlichen Kirche – noch „Häresien" (diesem Begriff liegt das griechische Wort hairesis = Wahl, Auswahl zugrunde), um – wie er sagte – den „besseren Weg zu finden".

Unterschiedliche Auslegungen der christlichen Botschaft und Kritik an Missständen in kirchlichen Einrichtungen haben eine lange Tradition und reichen bis in die Gründungsgeschichte des Christentums. Das fängt schon mit Petrus und Paulus an:

Auch wenn Petrus[26] noch ausschließlich die Bekehrung von Juden für das wahre Ziel der christlichen Mission hielt, hatte sein Mitapostel Paulus

---

[25] Schon Aristoteles beschäftigte sich mit dem Reinen, Guten (s. Anhang).
[26] In der Apostelgeschichte des Lukas „Kephas" genannt.

von vornherein schon die ganze Menschheit vor Augen[27]. Was war nun der wahre Wille Christi, und wer von den beiden war nun ein Häretiker? Glücklicherweise – oder hier wäre wohl „Gott sei Dank" angebracht – einigten sich beide auf dem Apostelkonzil von 48/49 n. Chr. und missionierten nun weltweit.

Erste Verfolgungen von Priestern, die die Bibel anders auslegten als die Mehrheit, insbesondere die Mehrheit der politischen Herrscher, finden wir im Streit um den Arianismus. Arius[28] war ein einfacher Priester aus Ägypten, der die Ansicht vertrat, Christus sei der erstgeborene Sohn Gottes, ein mächtig wirkendes himmlisches Geistwesen, doch nicht Gott selbst. Das musste in den Augen der Herrschenden nach den damaligen Vorstellungen die Macht von Christus und des Christentums schmälern. Also wurden der Arianismus und dessen Anhänger seit 325 verdammt und verfolgt.

Der zweite in Köln bekannte Bischof, Euphrates, wurde 346 abgesetzt, weil er öffentlich behauptet hatte, dass Christus nicht Gottes Sohn, sondern nur ein Mensch gewesen sei. Dabei hatte sich seit Tertullian[29] um 200 n. Chr. die Mehrheit der Bischöfe doch schon auf die Feststellung einer Trinität geeinigt, einer göttlichen Dreiheit von Vater, Sohn und Heiligem Geist in einer Person.

Bis weit in die Mitte des 11. Jahrhunderts konnten die weltlichen Herrscher in christlichen Gebieten Priester und Bischöfe auf ihren Territorien selbständig einsetzen. Das führte zwar häufig zu unterschiedlichen Bibelauslegungen – also „Häresien" –, heftigen Auseinandersetzungen und Konzilien, aber bis dahin nie zu weltlichen Machtkämpfen. So konnten sich koptische, griechische, armenische, russische und serbische christliche Kirchen relativ ungestört entwickeln, nicht zuletzt weil sie sich unter verschiedenen mächtigen Herrschern bildeten.

„Ketzer" treten übrigens in der Geschichte oft auf, wenn die Menschen in große Not geraten und glauben, nur die rechte Rückbesinnung auf Gott könnte ihnen helfen.

---

[27] Galater, Vers 2.
[28] Um 280–336.
[29] Nordafrikanischer, christlicher Schriftsteller, der zwischen 150 und 230 n. Chr. lebte.

- So wurden Albigenser, Katharer, Waldenser, Bettelmönche zwischen 1144 und ca. 1200 erfolgreich, weil es damals zu häufigen Hungersnöten kam, denen zigtausende Menschen in ganz Europa zum Opfer fielen.
- In der sogenannten Kleinen Eiszeit (ca. 1500 bis Ende 1700), die u. a. zu um sechs Wochen verkürzten Wachstumsperioden und damit wiederum zu Hungersnöten führte, fanden in Europa mehrere Reformatoren und ihre Bibelauslegungen viele Anhänger, wie Luther, Calvin, die Täufer/Wiedertäufer, Quäker. Allerdings spielten in diesem Zeitraum auch noch andere Faktoren eine Rolle (Pestepidemien, Aufklärung, Dreißigjähriger Krieg).

Warum wurden „Ketzer" verfolgt und von wem?

Als seit dem Beginn des 4. Jahrhunderts das Christentum Staatsreligion geworden war, wurde jede Abweichung von der offiziellen Bibelauslegung als Angriff auf den Staat bewertet und darum von Staats wegen rigoros verfolgt.

Und seit Gregor VII. 1073 Papst geworden war, beanspruchte er für sich die alleinige geistliche Führerschaft und hielt Häresie generell für einen Angriff auf seine Autorität, d. h. auf das Papstamt.

Gregor wollte – neben dem Papstamt – keine weitere geistliche Führerschaft auf der Erde dulden, auch keine „von Gottes Gnaden", nämlich vom deutschen Kaiser oder König. Wenn es andere Organisationen gab, die den Menschen das „Heil" bringen konnten, wozu brauchte man dann noch die Kirche? Die Kirche glaubte, sich das nicht gefallen lassen zu können! Es ging also um den Anspruch auf das höchste Führungsamt aller Christen.

Die bedeutendste Auseinandersetzung um diese Führerschaft im Abendland fand 1076/77 statt. Sie kulminierte in Kaiser Heinrichs IV. – damals noch König – Gang nach Canossa und erschütterte seinerzeit die ganze christliche Welt[30].

---

[30] S. Dieter Herion: „Warum Kaiser Heinrich IV. nach Canossa ging", in: „Als über Köln noch Hexen flogen …", BoD-Verlag

Ließen sich seit Gregor die jeweils neuen Glaubenszeugen nicht durch Verleumdungen austilgen, wie Bespucken der Hostie, Kuss auf den Hintern eines schwarzen Katers, Promiskuität, Ritualmorde usw., und wurden sie zu stark, veranlasste der Papst gegen sie „Kreuzzüge". Damit konnte man viele Menschen aktivieren. Ging es doch infolge einer solchen „Anregung" nicht nur um die Vernichtung der „Ketzer", sondern auch um die legale Aneignung von deren Besitz. Das hatte schon der erste Kreuzzug 1096 gezeigt. Die Verfolgung des Templerordens (1312 Aufhebung des Ordens) hatte im Wesentlichen auch diesen Hintergrund.

Eine generelle Legitimation für Ketzerverfolgungen lieferte das 4. Laterankonzil von 1215, in dessen Beschlüssen es heißt:

„Wir verwerfen und verurteilen jede Häresie, die sich gegen den heiligen, rechten und katholischen Glauben erhebt. Wir verurteilen alle Häretiker, wie immer man sie bezeichnen mag... Die verurteilten Häretiker aber sollen den weltlichen Obrigkeiten ... zur gebührenden Bestrafung übergeben werden." Und 17 Jahre später untermauerte Kaiser Friedrich II. diesen Beschluss mit einem entsprechenden weltlichen Erlass.

DIE WICHTIGSTEN KETZERBEWEGUNGEN IN KÖLN
UND WAS AUS IHNEN WURDE

(Die von der Mehrheit abweichende Bibelauslegung des Kölner Bischofs Euphrates im 4. Jahrhundert kann noch nicht als Ketzerbewegung bezeichnet werden, weil zu seiner Zeit die Menschen noch überwiegend römische oder germanische Götter verehrt hatten. Die „häretischen" Bibelauslegungen des Kölner Dominikaners Meister Ekkehardt im 14. Jahrhundert lösten ebenfalls noch keine Bewegung aus.)

KATHARER

In einem Brief an EB Friedrich I. von Schwarzenburg bedankt sich die Utrechter Kirche am 18.05.1112 für die Festnahme von drei Häretikern, die im Jahr darauf verbrannt werden.

Aufgrund einer erhaltenen Predigt Bernhards von Clairveaux, die sich wiederum auf einen schriftlichen Bericht des Mönchs Everwin vom Kloster Steinfeld (Eifel) stützt, ist die Anwesenheit von Katharern und die Lynchjustiz an ihnen 1143 in Köln belegt. Nach Everwin sollen sie aus den Niederlanden gekommen sein.

Was predigten die Katharer und warum waren sie so gefährlich?

Im Grunde genommen verkündeten sie nichts Neues und keinen neuen Glauben, außer dass sie zeitweise dem sogenannten Dualismus anhingen[31]. Ähnliche Thesen wie sie vertraten schon 200 Jahre früher die Bogomilen[32] vom Balkan, aber:

- Im Gegensatz zur römischen Kirche, die drei religiöse Stände kannte, nämlich Mönche, Priester und Laien, kamen Katharer mit zweien aus, nämlich den Asketen (Perfecti) als Heilsträger und den Gläubigen (Credentes) als Heilsempfänger.

Und:
- Was nicht in der Bibel stand und erst durch Tradition aufgekommen war, lehnten sie ab, so
  - die Priesterkirchen samt dem Papst (jeder Katharer durfte predigen),
  - die Sakramente der Kindertaufe, der Ehe und des Abendmahls,
  - das Fegefeuer,
  - die stellvertretenden Taten der Heiligen stünden nicht in der Bibel, wurden also als heilstiftend abgelehnt und –
  - jegliches persönliches Besitztum lehnten sie ebenfalls ab.

---

[31] Auf der Erde herrscht der Teufel und im Himmel Christus.
[32] Nach deren erstem Priester namens Bogomil (slaw. Bogo = Gott und myl = lieb).

Weil schon mit diesen Thesen die ganze etablierte gesellschaftliche Ordnung und die in sie eingebettete Kirche infrage gestellt wurde, ließ sich damals in Köln leicht der „Volkszorn" aktivieren, der die neuen Prediger ohne geistliches oder weltliches Gerichtsverfahren auf den Scheiterhaufen warf. 20 Jahre später traten zwar erneut katharische Prediger auf, die aber nun in einem „ordentlichen" Gerichtsverfahren zum Tode verurteilt wurden. Weil ca. ein Jahr später auch Hildegard von Bingen in Köln – etwa um 1164/65 – gegen die Katharer predigte, können wir vermuten, dass deren „Verführungskünste" damit noch nicht endgültig gebannt waren.

Die endgültige Ausrottung der Katharer 1244 im Languedoc (Südwestfrankreich) in einem der größten Kriege des Mittelalters ist bekannt.

BETTELMÖNCHE/-ORDEN

Die im 13. Jahrhundert entstandenen Bettelorden siedelten sich schon früh auch in Köln an (1221). Einer der Vorreiter war Franz von Assisi, der aus einer reichen Kaufmannsfamilie stammte, aber wie Jesus arm und ohne materiellen Besitz umherziehen und das Christentum predigen wollte. Damit gerieten er und die Männer, die sich ihm schnell und in immer größerer Zahl anschlossen, in Gegensatz zum reich gewordenen Klerus, denn die Besitzlosigkeit sollte auch für die Gemeinschaft (Kloster) gelten. In den Augen des etablierten Klerus waren die Angehörigen der Bettelorden deshalb selbstverständlich Ketzer.

Die ursprünglich freie Bruderschaft der Franziskaner erhielt aber schon 1209 die Zustimmung des Papstes, allerdings unter der Voraussetzung sich als Orden zu organisieren. Damit unterwarfen sie sich regelmäßigen Visitationen, und sie verzichteten auf den Vorbildcharakter ihrer Lebensweise für alle Menschen (auch für Kleriker und Herrscher!). 1223 musste Papst Honorius III. die Ordensregeln aber noch einmal bestätigen, damit die Minderbrüder – wie sich auch nannten – unbehelligt weiter existieren konnten.

Dennoch hätte sie der eifersüchtige Kölner Klerus wahrscheinlich erfolgreich als Ketzer vertreiben können, wenn sie nicht vom Kölner EB

Engelbert I. von Berg unterstützt worden wären. Auch der Nachfolger Engelberts, Heinrich I. von Müllenark, fühlte sich 1233 noch einmal verpflichtet, seinem Klerus schriftlich mitzuteilen, dass die Minoriten/Minderbrüder weiterhin öffentlich predigen dürfen. Und noch 1245 empfahl Papst Innozenz IV. dem Kölner EB Konrad von Hochstaden den Schutz der Minderbrüder in Stadt und Land. Auch Papst Alexander IV. musste 1257 diesen Befehl noch einmal wiederholen. Anscheinend war das notwendig, denn 1249 wurde auch noch das erste Karmeliterkloster in Köln gegründet, ebenfalls ein Bettelorden, dessen Brüder sich vor allem der Volksseelsorge widmeten.

Die Erlaubnis der Sterbebegleitung erregte vor allem die Eifersucht des Kölner Klerus, denn angesichts des Todes war mancher Sterbende bereit materiell viel für diejenigen zu tun, die später für ihr Seelenheil beten sollten.

Trotz dieser langen Vorgeschichte vertrat noch Papst Johannes XXII. 1323 die Auffassung, die franziskanische Armutsauffassung sei irrig und häretisch. Welcher seiner Vorgänger (oder gar er selbst?) war nun in seinem religiösen Urteil „unfehlbar"?

Beginen und Begarden

1223 sind die ersten Beginen in Köln nachgewiesen, und 1230 entstand in der Stolkgasse der erste Beginenkonvent. Als das Ehepaar Vortlevus 1271 den Beginen ein Haus schenkte, erregte das wieder den Neid des Klerus, dem damit eine Vermögenszuwendung aus frommen Motiven entgangen war.

Schon zehn Jahre vorher hatte EB Konrad von Hochstaden die Meisterinnen der Beginen ermahnt, über den Lebenswandel der Beginen zu wachen und „sie von verdächtigen Unterhaltungen mit Männern und Besuchen sowie vom Umherschweifen" abzuhalten. Lagen dieser Ermahnung vielleicht Verleumdungen zugrunde?

Was wollten die Beginen und ihr männliches Pendant, die Begarden? Seit dem 13. Jahrhundert gab es in Europa überall ein stärker werdendes

Bedürfnis nach einem möglichst frommen Leben – vor allem unter Frauen. Nicht alle konnten oder wollten aber in ein Kloster eintreten, sei es, dass sie dort keine Aufnahme fanden oder dass sie sich nicht auf ein lebenslanges Gelübde festlegen wollten. So wurde es immer üblicher, dass alternative Formen religiösen Lebens von Frauen (und Männern) entstanden – das konnten allein lebende Frauen sein, die sich religiös engagierten, Frauenpaare, die gemeinsam wohnten und arbeiteten, aber auch kleinere und größere organisierte Wohngruppen mit hunderten von Mitgliedern. Außerdem gab es sogenannte „vagabundierende" Frauen, die, einzeln oder in Gruppen, wie die Bettelmönche durch die Lande zogen.

Wenn sie nicht vom Betteln leben konnten oder wollten, mussten sie sich wirtschaftlich betätigen. Als fromme Gemeinschaften unterlagen sie damit aber keiner Abgabenpflicht und traten damit in ernsthafte Konkurrenz zu den Gaffeln. Da sie sich klösterlichen Regeln nicht unterwerfen wollten, entzogen sie sich auch der kirchlichen Kontrolle und stellten die kirchliche Macht infrage! Die Beginen/Begarden schufen sich damit zwei mächtige Gegner. So darf es nicht verwundern, dass sie bald in einen Topf geworfen wurden mit Ketzern und Häretikern.

Schließlich wurden die Beginen/Begarden – auch in Köln – in echte Klostergemeinschaften gezwungen oder – mit Auflagen – stillschweigend geduldet und misstrauisch beobachtet. Die Beginen gingen später überwiegend im Orden der Cellitinnen auf und die Begarden in dem der Celliten oder der Alexianer.

Wiedertäufer (Täufer)

(Beide Bezeichnungen sind geläufig. Ich werde im Folgenden nur noch den Begriff Wiedertäufer benutzen.)

Nahezu gleichzeitig mit den Anhängern Martin Luthers traten in Köln die Wiedertäufer auf, eine aus der Schweiz über die Niederlande gekommene reformatorische Bewegung, die vor allem auf die Schweizer Theologen Ulrich Zwingli (1484–1531) und Conrad Grebel (1498–1526) zurückgeht.

1533 wurde in Köln Martin Iffernerm als erster Wiedertäufer hingerichtet, 1538 einige Anabaptisten „zu Turm" gebracht. Nachdem sie abgeschworen hatten, ließ man sie laufen. Überhaupt machten sich zu dieser Zeit schon Personen verdächtig, die längere Zeit nicht „das heilige Sakrament" empfangen hatten. Der Rat wies dann die zuständigen Pastoren an, die Verdächtigen zu „examinieren".

Die Anordnungen und Maßnahmen des Rates gegen Ketzer schwankten oft, je nach allgemeiner politischer Lage und innerstädtischen Interessen. 1551 empörte sich der Rat gegen ein Urteil des – erzbischöflichen (!) – Inquisitionsgerichts, das den Kindstaufgegner Matthias Vorsbach zu lebenslänglichem Gefängnis verurteilte. Die Stadt verhinderte die Vollstreckung des Urteils, weil es das erzbischöfliche Gericht gefällt hatte.

Gewaltiges Aufsehen erregte sein Bruder Lorenz, als er bei einer großen Prozession im April 1555 vor dem Venerabile (im Tabernakel aufbewahrte Hostie) sein Haupt nicht entblößte. Vor allem Volk erklärte er, es sei Götzendienst, das Sakrament anzubeten. Er wurde sofort verhaftet. Aber die Menge war auf seiner Seite. Als er mit seinem Bruder dem hohen Gericht ausgeliefert werden sollte, befreite ein Volkshaufen die Gefangenen. Trotz dieser Rebellion unternahm der Rat – nichts. Andererseits erließ der Rat im selben Jahr ein ausführliches Religionsedikt, dass gemäß den kaiserlichen Konstitutionen Wiedertäufer und Kindstaufgegner „vom Leben zum Tod gebracht" werden sollten. Auch sollten hiernach Transsubstantiationsleugner[33] wie Wiedertäufer behandelt werden, und Gotteslästerer waren am Leben oder „unter Benehmung etlicher Glieder" zu bestrafen.

Im Dezember 1557 wurde im Goldenen Apfel in der Rheingasse der Wiedertäufer Thomas Imbroich verhaftet. Weil dazu ausführliche Protokolle im Archiv der Stadt liegen und die Rheinischen Akten zur Geschichte des Jesuitenordens ausführlich Auskunft geben, weiß man viel über diesen Fall. Danach wurde Imbroich mehrmals – teilweise peinlich[34] – verhört, um die Namen weiterer Wiedertäufer zu erfahren. Als er um Unterweisung im rechten Glauben bat, schickte man ihm die Pastoren von St. Alban und von St. Laurentius. Sie scheiterten aber mit

---

[33] Transsubstantiation = Wandlung (von Brot in den Leib und Wein in das Blut Christi).
[34] Unter der Folter.

ihren Bekehrungsversuchen kläglich, weil die beiden Geistlichen über die Frage, ob ungetauft gestorbene Kinder selig werden können, in heftigen Streit gerieten. Das bestärkte Thomas Imbroich in seiner Meinung, nur erwachsene und verständige Menschen könnten getauft werden. Selbst der Greve[35] bemühte sich persönlich um den 25-jährigen jungen Mann, um ihn zum Widerruf zu bewegen. Auch ihm gelang es nicht. So wurde Imbroich am 05.03.1558 auf Melaten hingerichtet.

Zehn Jahre später wurde von den Bütteln des Rates eine Wiedertäuferversammlung in der Nähe des Bayenturms gesprengt. Man verfuhr aber relativ human mit den Teilnehmern: Sie wurden aus der Stadt ausgewiesen. Nur der Anführer Matthias von Servaes wurde hingerichtet.

Was machte nun die Wiedertäufer für die Kirche so „gefährlich"?
- Sie lehnten vor allem die noch auf Kaiser Konstantin zurückgehende Einheit von Kirche und Staat ab, die im Grunde genommen ja heidnische Ursprünge hat.
- Die Welt sei nicht völlig christlich und könne es auch nie werden, selbst nicht mit Gewalt, behaupteten sie.
- Kinder werden ohne Erbsünde geboren.
- Sie lehnten die Kindertaufe ab und tauften erst Erwachsene, die sich frei entscheiden können.
- Die Wiedertäufer zeichneten sich durch Einfachheit, Nüchternheit, Geduld und Leidensbereitschaft aus.
- Außerdem lehnten sie den Kriegsdienst und den Eid ab.

Insgesamt umfassten Wiedertäufergemeinden in Köln nie mehr als einige Dutzend Mitglieder. Dass das Täufertum sich in Köln nicht stärker ausbreiten konnte, ist vielleicht auch ein Verdienst der Jesuiten, die sich seit 1544 hier niederließen. Ihr rhetorisch geschulter leidenschaftlicher Kampf gegen Sittenverderbnis bei eigener absoluter Integrität mag viele Menschen bei ihrem alten Glauben gehalten haben. Außerdem hatten sich die Wiedertäufer durch die in Münster errichtete Schreckensherrschaft

---

[35] Hatte ähnliche Aufgaben wie heute ein Vorsitzender Richter.

(Anfang 1533 bis Mitte 1534) für die Zukunft sowieso schon sehr stark diskreditiert.

In Köln wurde das Wiedertäufertum zunehmend vom Calvinismus, der ebenfalls aus den Niederlanden einsickerte, abgelöst.

Reformierte

Die von Martin Luther versuchte Reformation der römischen Kirche, die zur bedeutendsten Spaltung der Kirche in Europa führen sollte, konnte auch an Köln nicht spurlos vorübergehen. Schon 1520 ordnete der päpstliche Legat die öffentliche Verbrennung lutherischer Schriften auf dem Domhof an. Das schien nicht viel genützt zu haben. Neun Jahre später, am 28.09.1529, wurden die bekennenden Reformierten Adolf Clarenbach und Peter Fliesteden auf Melaten verbrannt.

Adolf Clarenbach, von dem ein Abbild auf dem Ratsturm angebracht ist, wurde 1495 in Lennep geboren und studierte in Münster und Köln, wo er 1517 den Grad des Magisters Artium erwarb. Während seines Studiums kam er mit dem Humanismus in Berührung und las die verbotenen Schriften Martin Luthers. Seine intensiven Studien der Bibel trieben ihn immer stärker in die Arme der Reformation. Er zog predigend und disputierend von Münster über Wesel nach Büderich und Osnabrück und schließlich zurück nach Lennep. Dort verfasste er auch sein theologisches Hauptwerk, mit dem er alle außerevangelischen Bräuche widerlegen wollte, wie den Primat des Papstes, die Sakramente, die Heiligenverehrung, das Fegefeuer, die Ohrenbeichte und das Fasten.

1528 wagte er sich nach Köln, wo er zusammen mit seinem Freund Johann Kloprys verhaftet wurde. Obwohl er sich vor dem geistlichen Gericht außerordentlich geschickt verteidigen konnte, nahm ihm das Gericht seine alleinige Berufung auf die Bibel und seine Leugnung der Gültigkeit von Konzilsbeschlüssen sehr übel. Viele seiner Anhänger und Freunde setzten sich mit Flugschriften und einer Appellation an den Reichshofrat für ihn ein. Auf Druck des Kölner Erzbischofs Hermann von Wied (s. u.) kam schließlich dennoch seine Verurteilung zum

Tode und seine Hinrichtung durch Verbrennung auf dem Galgenberg bei Melaten zustande.

86) Wegen ihrer standhaften lutherischen Überzeugung müssen der Prediger Adolf Clarenbach und der Student Peter Fliesteden in Melaten auf dem Scheiterhaufen sterben. Holzschnitt v. 1553 aus »Historien von den heutigen Gottesbekennern und Märtyrern« von Ludwig Rabus

Verbrennung Adolf Clarenbachs auf Melaten

Der bedeutendste Anhänger der Reformation aber wurde Erzbischof Hermann von Wied, der sein Erzbistum im Sinne Luthers reformieren wollte, obwohl er sich anfangs noch als eifriger Ketzerverfolger betätigte. Der Papst exkommunizierte ihn 1546 und setzte ihn ab. Ein halbes Jahr später dankte Hermann als Erzbischof und Landesherr ab und starb 1551 als Lutheraner.

Ca. 40 Jahre nach Hermann von Wied versuchte erneut ein Kölner EB, nämlich Gebhard Truchseß von Waldburg, das Kölner Erzbistum evangelisch ausrichten zu lassen. Er wurde selbst evangelisch und gab den Bewohnern seines Erzbistums das religiöse Bekenntnis frei[36]. Auch er wurde abgesetzt. Beide EB hatten zwar keine weltliche Macht in der Stadt, aber als Erzbischöfe die religiöse Oberhoheit. Und der protestantische Einfluss war für den Rat gefährlich, weil die Stadt – als freie Reichsstadt ohne großen Territorialbesitz – auf den Schutz des katholischen Kaisers angewiesen war.

Köln duldete bis zur Französischen Revolution grundsätzlich keine „Ketzer" auf seinem Boden, wenigstens offiziell.

Die Kölner verstanden nämlich auch durchaus „pragmatisch" mit Ketzern umzugehen, vor allem dann, wenn sie wirtschaftliche Vorteile von ihnen erwarteten. So pflegte Köln seit Jahrhunderten intensive geschäftliche Beziehungen zu seinen nördlichen und nordwestlichen Nachbarn. Daraus waren auch vielfältige familiäre Bindungen entstanden. Für beides waren unterschiedliche Religionen zunächst nicht hinderlich. Außerdem entsprach damals die Antwerpener Börse in ihrer Bedeutung für Handel und Kapital etwa der heutigen New Yorker Börse. Das wussten die Kölner durchaus zu „würdigen". (Vom Ende des Jahres 1565 datiert das älteste Dokument, das die Existenz einer calvinistischen Gemeinde in Köln nachweist.)

Als 1567 der Herzog von Alba in die spanischen Niederlande (Burgund) kam und die Inquisition und eine ruinöse Umsatzsteuer mitbrachte, begann der bewaffnete Kampf der (reformierten) Niederländer gegen die (katholischen) Spanier.

(Der von den Spaniern abfällig als „gueux" = Bettler bezeichnete niederländische Adel empfand dies später als Ehrentitel. Sie nannten sich stolz „Geusen".)

Die brutale Niederschlagung des niederländischen Aufstands zwang

---

[36] Seit 1555 (Augsburger Religionsfrieden) entschieden Herrscher über die Religion ihrer Untertanen.

viele Einwohner zur Flucht, u. a. nach Köln. Wegen der schon erwähnten Bindungen und Interessen lag es also nahe, dass die Stadt viele niederländische Flüchtlinge aufnahm. Die Niederländer mussten sich allerdings im katholischen Köln gewissen Auflagen unterwerfen.

Erst ab 1570 ging der Rat auf Druck des niederländischen Statthalters Alba – er war immerhin der dortige Vertreter des katholischen deutschen Kaisers, auf dessen Schutz die Stadt ja angewiesen war – schärfer gegen Andersgläubige vor:

- 1571 wurde eine verbotene Predigtzusammenkunft Reformierter aufgelöst und die Teilnehmer wurden aus der Stadt gewiesen.
- Wer Mitglied einer Gaffel werden wollte, wurde auf „seine religiöse Zuverlässigkeit" geprüft.
- Dasselbe galt natürlich auch für den Rat.
- Selbst der 1576 eingerichtete Geusenfriedhof musste vor den Stadttoren liegen.
- 1610 wurde der Verbundbrief, die Verfassung der Stadt, um einen „Summarischen Extrakt" ergänzt. In ihm wird der katholische Charakter der Stadt betont, wodurch der „rechte" Glaube quasi Verfassungsrang erhielt.

Die Anzahl der Personen „nichtkatholischen" Glaubens wird zu Anfang des 17. Jahrhunderts auf 4.000 geschätzt, zu dessen Ende gerade mal 300.

Nun sollten wir uns wieder unsern Protagonisten aus dem 17. Jahrhundert zuwenden:

Zuletzt hatte Drutgin fast nur noch ihre Gedanken laut von sich gegeben und sie dachte: Waren alle diese Ketzerbewegungen nicht immer wieder entstanden, um die bestehende Kirche im urchristlichen Sinne zu reformieren? War das nicht auch manchmal notwendig?

Dann hatte sie sich wieder ihrem Sohn zugewandt. Matthias hatte ihr aufmerksam zugehört, sah sie aber jetzt – wie ihr schien – ziemlich verwirrt an. Da wurde ihr bewusst, dass sie ihm vielleicht schon etwas zu viel erzählt hatte.

Drutgin wurde vorsichtig und beeilte sich ihm zu versichern: „Wat ich der jetz all üver de ungerscheedliche Meinunge vom echte Jlaube verzallt han, su daachte de Ketzer. Jläuv nit, dat ich dat verstonn künnt!"
Konnte sie nun ihren Sohn wieder beruhigt zu seinen Freunden nach draußen schicken? Eine Bemerkung glaubte sie ihm noch mit auf den Weg geben zu müssen: „Luur ens, Mattes, do kenns doch dat Tryna vun Jülich von Obenmarspforten, en luuter fründliche Frau, die help wo se kann. Die hängk och – ävver verzäll dat öm joddes Welle nit wigger! – denne Protestante aan. Weil sei en ehrem Jlaube dä falsche Wäch enjeschlare hät, kann se ons nor leid dun. Ävver se kann dat nor selvs ändere. Un mir dörfe nit mit ehr do drüvver schänge oder se links lijje loße.
Su, no jank widder bei ding Fründe und einfach denne Ketzer us dem Wäch. Do bruchs kein Angs för inne ze han."

Drutgin wurde vorsichtig und beeilte sich ihm zu versichern: „Was ich dir jetzt alles über die verschiedenen Abweichungen vom wahren Christentum erzählt habe, so dachten die Ketzer. Glaube nicht, dass ich Verständnis für die Ansichten der Ketzer habe oder dass sogar deine Mutter so denkt!"
Konnte sie nun ihren Sohn wieder beruhigt zu seinen Freunden nach draußen schicken? Eine Bemerkung glaubte sie ihm noch mit auf den Weg geben zu müssen: „Sieh mal, Matthias, du kennst doch die Tryna von Gülich von Obenmarspforten, eine sehr freundliche und immer hilfsbereite Frau. Sie hängt auch – aber das behalte unbedingt für dich! – den Protestanten an. Weil sie in ihrer Religion auf dem falschen Weg ist, kann sie uns leid tun. Aber sie kann das nur von sich aus ändern. Und wir dürfen sie dafür weder schelten noch verachten. So, und nun geh wieder zu deinen Freunden. Halte dich einfach von den Ketzern fern. Du brauchst dich nicht vor ihnen zu fürchten."

Als sie so mit ihrem Sohn über die verschiedenen Ketzerströmungen gesprochen hatte, verstärkten sich in ihr zunehmend Glaubenszweifel.

Sie fühlte sich schuldig. Bei der nächsten Beichte würde sie unbedingt mit Pater Lupus darüber sprechen müssen.

Es gab sich schon am nächsten Tag Gelegenheit dazu, und Pater Lupus reagierte so, wie sie es erwartet hatte.

Er war entsetzt!

Beschwörend blickte er sie an: „Um Christi willen, lass diese Gedanken nicht deine Seele vergiften! Wie können wir katholischen Christen mit Überzeugung die Wahrheit über Gott verbreiten, wenn wir schon anfangen zu zweifeln?

Warum, meinst du, ist die Kirche über Jahrhunderte so stark geworden und geblieben? Warum leben die meisten Menschen von Holländisch-Indien über Afrika bis Amerika nach gleichen Sittengesetzen und Moralvorstellungen?

- Weil wir Ketzer immer konsequent bekämpft, bekehrt oder – ja leider auch – ausgerottet haben!
- Weil nur der Papst die für alle Christen gültigen Dogmen verkünden darf.

Und wir wären in der Mission auch schon viel weiter, wenn nicht vor 100 Jahren dieser geifernde Luther gekommen wäre!

Das ist zwar Kirchenpolitik. Sie nützt aber allen Menschen.

Die Menschen brauchen nicht darüber nachzudenken,
- wer der einzig wahre Gott ist,
- was gut und was böse ist,
- wie sie ihre Sünden büßen müssen, um wieder in Frieden leben zu können,
- zu welchem gesellschaftlichen Stand sie gehören,
- welche Gebete sie sprechen müssen, wann sie fasten müssen usw. usw.

Aber darüber sprich lieber noch nicht mit deinem Sohn. Er ist noch zu jung, um das zu verstehen."

Dass die Kirche 600 Jahre vorher toleranter mit Häretikern umgegangen war, sagte er ihr besser nicht. Er hätte es ihr lang und breit erklären müssen, ohne dass es ihr etwas genützt hätte. Und – als Christ verstand er es ja selbst auch nicht immer. Nur so viel war ihm bewusst – war das nun zynisch oder schon „ketzerisch"? –: Wer lässt sich schon gern die Wahrheit nehmen, in deren absolutem Besitz er zu sein glaubt, und – wer lässt widerstandslos seine mystisch abgesicherte Macht infrage stellen?

Was weder Drutgin noch Pater Lupus ahnen konnten:
Seit 1660 war der Rat gegenüber den „Unkatholischen" wieder etwas toleranter geworden, jedenfalls denjenigen gegenüber, die für ihren Lebensunterhalt selbst sorgen konnten. *(Kommt uns das nicht aus heutiger Zeit bekannt vor?)* Den tonangebenden Kreisen in Köln schienen die Protestanten im Laufe der Zeit aber wirtschaftlich zu mächtig geworden zu sein, denn ab 1714 wurden nur noch kleine Unternehmen von Protestanten in Köln geduldet, Grunderwerb sowieso nicht. Religiöse Motive waren also offensichtlich nur ein Vorwand, um lästige Konkurrenz loszuwerden.

Das änderte sich erst grundlegend mit dem Einmarsch der Franzosen. Bis ins 19. Jh. gab es in Köln noch – neben den schon erwähnten Cellitinnen – Beginen, die sich überwiegend in der Krankenpflege engagierten. Die Kölner kannten aber zu der Zeit auch noch den verunglimpfenden Spruch: „Bejinge sin nit wie se schinge – se stonn hinger de Jadinge" (Wrede), womit ihr angeblich bigottes Verhalten angeprangert werden sollte. Bis ins vorige Jahrhundert wirkte der Rufmord der Konkurrenten also noch.

In den letzten Jahrzehnten des 20. Jahrhunderts wurde der Beginengedanke teilweise wieder aufgegriffen, wenn auch nicht immer mit religiösem Hintergrund.

Der alte Geusenfriedhof hat sich neben dem evangelischen Krankenhaus in Sülz erhalten und kann besichtigt werden.

Dass es heute noch Wiedertäufer gibt, ist vor allem dem friesischen Priester Menno Simons zu verdanken, der sich mit eigener Lauterkeit, Zähigkeit und Überzeugungskraft für eine friedliche Entwicklung dieser Glaubensrichtung einsetzte. Nach ihm nennen sich die Wiedertäufer Mennoniten.

In Deutschland gibt es (z. Zt.) auch wieder einige Täufergruppen, aber größere und mehr Gemeinschaften können wir u. a. noch nach wie vor in den Niederlanden finden, in der Schweiz, in Amerika, dort auch als Amisch, Hutterer oder Mennoniten bekannt. Und der 1558 in Köln auf Melaten hingerichtete Thomas Imbroich muss während seiner Haft viel Gelegenheit zum Schreiben gehabt haben. Die Mennoniten lesen heute noch die Schriften des von ihnen verehrten Märtyrers.

Was aus den „ketzerischen" Protestanten wurde, das brauchen wir wohl hier nicht zu erwähnen.

Häresie und Ketzerei und ihre Verfolgungen gab es und gibt es immer noch leider in allen Religionen, die sich auf eine Heilige Schrift berufen, also allen monotheistischen Religionen, wie Judentum, Christentum und Islam, sogar bei uns. Wir brauchen nur an Eugen Drewermann[37] oder Uta Ranke-Heinemann[38] zu denken.

---

[37] Priester und Prof. f. kath. Theologie, dem 1991 die Lehrbefugnis und 1992 das Priesteramt entzogen wurde.
[38] Professorin f. kath. Theologe, der 1987 die Lehrbefugnis entzogen wurde.

Adolf Clarenbach

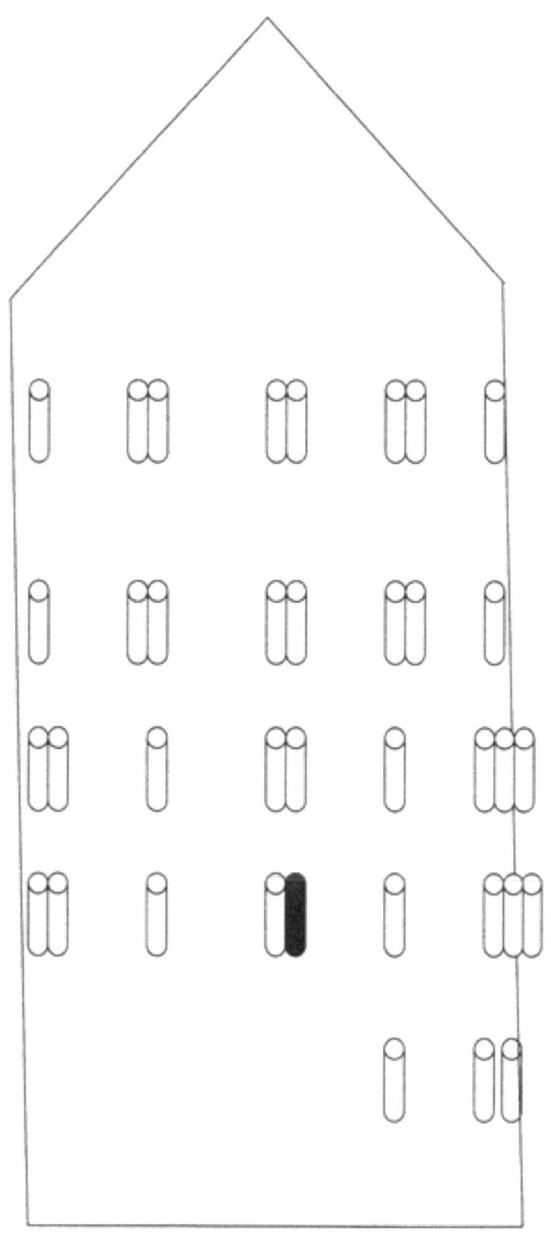

Alter-Markt-Seite (Osten)

Es ist noch kein Meister vom Himmel gefallen

Geschichte der Kölner Zünfte
(Bruderschaften – Ämter – Gaffeln)

Entstehung von Zünften
Geschichte der Kölner Zünfte
Organisation
Aufgaben
Kölner Zünfte in Beispielen
Fiktiver Dialog
Zünfte und Gaffeln
Ende der Zünfte
Erhaltene zünftische Redewendungen

Worterklärung

Zunft kommt von dem althochdeutschen Wort „zumft" = sich ziemen, „sich gehören", was auch für „vollwertig" und „gebührend" steht. Wir verwenden auch heute noch den Begriff „zünftig", wenn er sich dann auch nicht immer auf das Handwerk bezieht.

In diesem Aufsatz habe ich mir erlaubt, zwischen zünftisch und zünftig zu unterscheiden. Demnach betrifft zünftisch die Zunft und zünftig kann eine zünftige Wanderung oder eine zünftige „Sause" oder Ähnliches sein, urig, echt, bodenständig, so wie das Wort heute noch benutzt wird, in der Jugend eher „cool".

Ergänzend muss erwähnt werden, dass es in Köln nie den Begriff Zunft gab.

Entstehung von Zünften

Wie wir das heute noch von orientalischen Basaren kennen, wohnten und arbeiteten die verschiedenen Handwerke in jeweils bestimmten Vierteln oder in bestimmten Straßen, was in Köln noch z. T. aus den Straßennamen erkennbar ist.

Es wird angenommen, dass diese Konzentrationen auf Wunsch der Handwerker selbst zustande gekommen sind. Gleiche Interessen verbinden. Für das Nahrungsmittelgewerbe (Bäcker, Fleischer, Fischer) schrieben die Aufsichtsbehörden solche Konzentrationen auch manchmal vor, um sie zum Schutz der Bevölkerung besser kontrollieren zu können. Diese Gewerbe standen sowieso unter der besonderen Aufsicht des Rates. Nicht nur in Köln war der Handel mit den zu ihrem Gewerbe gehörenden Rohstoffen verboten, z. B. den Bäckern und Brauern der Handel mit Getreide, den Fleischern der Viehhandel, den Zimmerleuten der Holzhandel usw. Man wollte damit die Bevölkerung vor Teuerungen durch Spekulation bei den wichtigsten Gütern schützen.

Das Wort Zunft taucht in der deutschen Geschichte erstmals für die Wormser Fischer 1106 auf. In Köln und Trier nannten sich die Zünfte zunächst nur Bruderschaft (wenn sie stark religiös geprägt waren) oder Amt[39], in manchen deutschen Orten auch Einung oder Innung. Ihre Zulassung und Organisation war anfangs von den Herrschern in den größeren deutschen Ansiedlungen abhängig, wie Adel, Klöster, Patrizier.

König Heinrich VII. (1308–1313) verbot auf Antrag seiner Fürsten ausdrücklich die Bildung von Einungen, Eidgenossenschaften und Bündnissen in seinen Städten ohne Zustimmung ihrer Stadtherren.

---

[39] Amt aus dem Mittelhochdeutschen für Beruf oder Aufgabe; noch heute als „ein Amt übernehmen" bekannt.

Geschichte der Kölner Zünfte

Schon im römischen Köln gab es Zusammenschlüsse von gleichen Handwerken, die sich Collegium nannten (aus Stadtvierteln mit ausgegrabenen handwerklichen Produkten und Werkzeugen und Weihe-Inschriften auf Grabsteinen erkennbar). Aber das Wort Zunft taucht erst im Mittelalter auf. Die ersten beruflich motivierten gesellschaftlichen Gemeinschaften nannten sich in Köln – wie schon erwähnt – Bruderschaften, weil sie damit ihre brüderliche Beziehung zueinander ausdrücken wollten. Die älteste Kölner Urkunde über die Gründung einer solchen Gemeinschaft liegt uns für die Bettlaken- und Scharzenweber[40] von 1149 vor.

Diese Bruderschaft selbst ist aber vermutlich noch älter. Aus anderen Quellen ist bekannt, dass sich die Bettlakenweber vorher von der Bruderschaft der Leineweber und diese schon früher von den Wollwebern abgespalten hatten. Da aus anderen, wesentlich kleineren Städten schon „Zünfte" aus dem 11. Jahrhundert bekannt sind, kann man das sicher auch für Köln annehmen.

Weitere Urkunden der Kölner Stadtgeschichte, z. B. Schreinsbücher (Grundbücher), erwähnen immer wieder Bruderschaften, auch wenn deren Gründungsdaten nicht bekannt sind. – Beispiele:

1216 muss es schon mehrere Zünfte (Bruderschaften, Ämter) gegeben haben, denn dass der Kölner EB Engelbert I. von Berg alle Zünfte mit einer Strafe von 4.000 Mark wegen Widerstandes gegen die vom EB eingesetzten Schöffen[41] belegt, geht aus einer alten Urkunde hervor.

1225 verleihen die Kölner Bürgermeister mit Einwilligung der Richerzeche[42] den Filzhutmachern die Gründung einer Bruderschaft (Zunft).

Anfang Juni 1264 wiegelt EB Engelbert II. von Falkenburg schriftlich die Kölner Zünfte (Bruderschaften) gegen die Patrizier auf. Sie folgen

---

[40] Grobe, raue wollene Decke als Bett- und Pferdedecke verwendet.
[41] Erzbischöflicher Rat aus der Kölner Bevölkerung.
[42] Geschlossene Gruppe reicher Kölner Bürger und Inhaber der Macht in Köln; s. a. Dieter Herion: „Lyskirchen, Overstolz & Co.", aus: „Als über Köln noch Hexen flogen …", BoD-Verlag.

zwar seinem sogenannten Rat, holen sich bei den Patriziern aber eine „blutige Nase".

Am 10.11.1323 gründen 30 Buntwerkerleute (Kürschner) vom Pelzwerkmarkt eine Bruderschaft zu geselligen und religiösen Zwecken, wie es in ihrer Gründungsurkunde heißt.

Die Gürtler erhalten die Bestätigung ihrer Bruderschaft – „um das Werk rein zu erhalten" – durch die Richerzeche am 10.12.1327.

Von 1330 liegt eine Liste der Bruderschaft der Decklakenweber (Bettlaken) vor mit 33 Meisternamen.

Vom 14.04.1332 existiert ein Schreiben der Richerzeche an die Bruderschaft des Wollenamtes vom Griechenmarkt und von Airsburg[43].

1344 zählt die Bruderschaft der Gewandschneider 308 Mitglieder.

Im Laufe der Zeit gewannen die Bruderschaften/Zünfte immer mehr Macht und Einfluss in der Stadt. Ein Beispiel mag das belegen:

Um 1368 gelang es dem Kölner Wollenamt (Weber) durch hartnäckiges Nachfragen beim Rat, eine Untersuchung wegen Unterschlagung von städtischen Geldern einzusetzen. Dem Kölner Patrizier Rütger Hirzelin vom Grin konnte man diese Taten nachweisen. Er wurde hingerichtet. Als Folge davon fühlten sich die Mitglieder des Wollenamtes so stark, dass sie weitere Untersuchungen gegen Mitglieder des herrschenden Patriziats – vertreten durch die Richerzeche – durchsetzen konnten mit entsprechenden Sanktionen. Außerdem gelang ihnen dann noch, der Richerzeche das Recht auf eigenmächtige Verleihung des Zunftzwangs abzutrotzen, ebenso wie die Genehmigung von Bruderschaften.

Ihre Macht behielten die Weber aber nicht lange: Schon 1371 erlangte die Richerzeche als Folge der „Weberschlacht"[44] ihre Macht zurück. Wenige Monate später wurden sämtliche handwerkliche Vereinigungen, wie Bruderschaften, „Ämter", Gaffeln, generell verboten. Es durften sich nie mehr als drei oder vier ihrer Angehörigen versammeln. Außerdem wurde ihre Macht auf Qualitätsüberwachungsgremien beschränkt, denen auch noch zwei Ratsmitglieder beigestellt wurden.

---

[43] Südliche Römervorstadt; Vorläufer des Severinsviertels.
[44] Innerstädtischer Aufstand der mächtigsten Zunft, der Weber, gegen das Kölner Patriziat.

In Köln gab es – mehr als in anderen deutschen Städten – eine nicht unerhebliche Zahl reiner Frauenzünfte. Für Köln ist auch die starke Verbindung von Handwerk und Handel charakteristisch. So gehörten mehr als die Hälfte der Kaufleute den Handwerkerzusammenschlüssen (s. u.) an.

Als in Köln 1396 infolge einer unblutigen Revolution der Verbundbrief (die 400 Jahre bestehende Stadtverfassung, die die Herrschaft der Richerzeche ablöste) verabschiedet wurde, gab es ca. 45 Zünfte, z. T. mit „Unterzünften", die sich in 22 sogenannten Gaffeln (s. u.) organisiert hatten.

Es waren u. a. die Brauer, Wollweber, Fassbinder, Pister (Bäcker), Fischmenger, Fleischer, Schilderer (Maler), Sarwörter (Harnischmacher), Schwertfeger, Kumt-(Hut-)Macher, Goldschläger, Kupferschläger, Goldschmiede, Schmiede, sechs verschiedene Weber usw., aber auch so exotische wie Schnürsohlenmacher (Sandalen), die aber den Schuhmachern untergeordnet waren. Andere, uns heute noch bekannte Handwerker hatten damals andere Namen, so hießen – wie schon erwähnt – die Kürschner Buntwörter, die als Handwerk ausgestorbenen Harnischmacher hießen Sarwörter, die Schneider hießen Schröder.

Organisation

Wer konnte oder musste Mitglied einer Zunft werden?

Wer in Köln einen handwerklichen Betrieb gründen wollte, musste sich der entsprechenden Zunft anschließen. Zunächst musste er selbstverständlich Meister seines Fachs sein. Nach 1300 wurde allmählich auch ein Befähigungsnachweis (Meisterstück) gefordert. Sämtliche Angehörige eines meisterlich geführten Betriebs wurden automatisch Zunftmitglieder (Gesellen, Lehrlinge, Ehepartner), wenn auch mit geringerem Status.

Wenn das Hauptmitglied einer Zunft starb, durfte dessen/deren Ehepartner nur Mitglied in der Zunft bleiben, wenn er/sie innerhalb einer bestimmten Zeit wieder eine/-n entsprechende/-n Handwerksmeister/-in heiratete.

Die Zunft regierten ursprünglich zwei von allen Zunftgenossen gewählte Meister. Ähnlich wie heute bei Vereinen stand über ihnen aber die Versammlung sämtlicher Genossen, die wichtige Beschlüsse für die Gesamtheit verbindlich fasste. Die Gesamtheit der gewesenen Meister nahm die Rechnungslegung ab. Im Laufe der Zeit legten sich diese aber immer mehr Rechte zu, bis zur Wahl der neuen Meister. In einem Fall ist sogar die Stellung eines erblichen Obermeisters belegt. Ursprünglich flossen auch die Aufnahmegebühren und die von der Zunft über ihre Genossen verhängten Bußgelder in die Zunftkasse, aber allmählich mehr und mehr in die Taschen der gewesenen Meister. Manche Zünfte gewährten ihren verdienten Meistern auch zinslose Darlehen aus der Zunftkasse, die sie zwar nach einem Jahr zurückzahlen mussten, aber deren Laufzeiten immer wieder verlängert werden konnten.

Ein Schlüsselbegriff war die „Ehrbarkeit". Dieser Begriff hat sich so nachhaltig in unserm Wortschatz etabliert, dass wir heute noch vom „ehrbaren Handwerk" sprechen. Er grenzte die Zunftbrüder nicht nur gegen andere Berufsgenossen, ethnische und soziale Minderheiten ab, sondern setzte insgesamt eine Grenze zu den nichtzünftischen Gewerbetreibenden. Zur Ehrbarkeit gehörte z. B. die eheliche Geburt des Zunftangehörigen, was sich später sogar auf deren Ehepartner ausdehnte. Bei moralischen Verfehlungen eines Ehepartners traf die Strafe der Zunft den ganzen Betrieb. – Unehrenhaft war auch die Aufnahme eines Lehrlings, dessen Vater einem unehrenhaften Gewerbe nachging (Abdecker, Bader, Gaukler, Henker). Selbst die ursprünglich so verachteten Bader führten in ihrer Zunft 1469 – vermutlich um selbst ehrbar zu werden – den Nachweis der ehelichen Geburt ein. Im Laufe der Jahrhunderte wurden die Anforderungen an die Ehrbarkeit so rigoros, dass wir uns an das indische Kastenwesen erinnert fühlen könnten. Der Handwerker, der lediglich Aas anfasste, auf dem Wagen eines „Unehrbaren" mitfuhr, mit ihm aß oder trank, konnte sich nur durch Zahlung einer empfindlichen Strafe „reinwaschen".

Aufgaben

Die – zunächst von der Obrigkeit erlassenen – Zunftsatzungen sahen als wichtigste Aufgaben die Qualität der Arbeit und die wirtschaftliche Sicherung der Mitglieder und ihrer Familien vor. Dazu bedurfte es z. B. einer Lehrzeit und der Kontrolle der Arbeitsergebnisse, die manchmal von Zunftmeistern, aber in manchen Berufen auch von der Obrigkeit wahrgenommen wurden (Bäcker, Fleischer). Die Beschränkung der Zahl von Lehrlingen und Gesellen und deren Entlohnung sollten den ganzen Berufsstand wirtschaftlich sichern (vergleichbar mit dem Recht auf Arbeit, das heute noch manche Politiker ins Grundgesetz schreiben möchten). Zur wirtschaftlichen Sicherung gehörte auch, dass Lehrlinge und Gesellen mit dem Meister unter einem Dach in einer Wirtschaftsgemeinschaft wohnten, und viele Zunftsatzungen sahen auch Unterhaltsregeln für Witwen vor. Die Zunftakten geben vielfältige Auskünfte über die Formen, wie sie die wirtschaftliche und soziale Stellung der Zunftgenossen sichern wollten:
- Zerstörung auswärtiger Produkte,
- Schikanen gegen besonders innovationsfreudige Genossen,
- Behinderungen bei der Einschreibung neuer Lehrlinge oder Aufnahme neuer Meister oder Meisterknechte,
- Verlängerung der Gesellenzeit,
- die auf das Gewerbe hinweisende Aushängetafel durfte nicht zu groß sein
- usw.

Man versuchte also zunächst nicht, durch bessere Herstellungsmethoden oder andere Innovationen auf einem größeren Markt konkurrenzfähige Produkte anzubieten. Mangels anderer geeigneter Möglichkeiten der sozialen Absicherung im Mittelalter ist das zwar kurzfristig zu verstehen, langfristig hat sich damit die Stadt Köln aber auch an den Rand der technischen, wirtschaftlichen und sozialen Entwicklung gestellt. Nur allmählich öffneten sich die Zünfte neuen Entwicklungen, nicht zuletzt auf Druck der Kölner Kaufleute, die Kaufmannsgut auf internationalen

Märkten zu konkurrenzfähigen Preisen anbieten wollten. Bei Handwerkern, die Kaufmannsgut mit weitem Absatzkreis anbieten konnten, wie Wolltuchweber, Gürtler, Sarwörter[45], Bronzegießer, legte man zunehmend Wert auf die Güte des Materials und ließ es amtlich bestätigen (Stempelung). Einwandfreie Ware herzustellen wurde zum ethischen Prinzip. Kölner Konsumenten bekamen aber nur die Maße und Gewichte, nicht die Qualität einer Ware bestätigt, natürlich außer für Nahrungsmittel.

Wie das Instrument der Gütesicherung aber manchmal missbraucht wurde, zeigt uns folgendes Beispiel:

1564 holten die Kaufleute Wynand und Johann Moir den venezianischen Tuchfärber Ambrosius Spiratellus aus Antwerpen nach Köln. Er erhielt mit Unterstützung des Seidenamts vom Rat die Erlaubnis, im Lohn für das Seidenamt die neue Technik des Schwarzfärbens anzuwenden. Diese Technik hatte aber einen Haken: Dem Vertrag nach, den Spiratellus mit dem Seidenamt geschlossen hatte, musste er das gelieferte Garn nach dem Färbeprozess in demselben Gewicht zurückgeben, in dem er es erhalten hatte. Gerade dies widersprach aber der neuen Färbetechnik, die durch Einsatz von Metallsalzen zur Erschwerung der Seide führte. Wurden zu viele Salze eingesetzt, konnte zudem die Seide brüchig und mürbe werden. Das Kölner Seidenamt lehnte deshalb das Seidenschweren schließlich doch vollständig ab und setzte auf die herkömmlichen Qualitätsmerkmale, obwohl es – bei ausreichender Qualitätskontrolle – zu einem Konkurrenzvorsprung gegenüber anderen Städten hätte führen können. Spiratellus erhielt zunächst keine Aufträge mehr vom Seidenamt, dann musste der Rat ihm auf Druck der Seidenweberinnen die Färbekonzession ganz entziehen.

Ebenfalls Aufgabe der Zünfte war die günstige und sichere Rohstoffbeschaffung (Einkaufsgenossenschaften) und die Sicherung der Absatzmärkte (Anmietung von Gademmen[46] und Kaufhäusern. Als gesellschaftliche Aufgaben fiel es den Zünften auch zu, dass sie auf den guten Ruf der Gesellen (Meisterknechte) und Lehrlinge zu achten hatten. Diese mussten sich z. B. einer bestimmten Kleiderordnung unterwerfen, durften

---

[45] Harnisch- und Waffenhersteller.
[46] Kleine feste Verkaufsstände.

nicht an Glücksspielen teilnehmen, keine Bordelle besuchen, keine Messer tragen und nicht auswärts übernachten. Die Zünfte nahmen auch an Prozessionen teil, pflegten die Altäre ihrer Schutzheiligen und kümmerten sich um die Begräbnisse ihrer Mitglieder. Seit 1617 durften nur noch Katholiken (Rechtgläubige) in eine Zunft aufgenommen werden. Das kontrollierte der Rat.

Kölner Zünfte in Beispielen

Wollenamt
mit Wollenwebern, Gewandmachern, Tuchscherern, Weißgerbern und Tirteiwebern[47]

Die Blütezeit dieses Amtes fiel in das 13. und 14. Jahrhundert. An den 300 Webstühlen gegen Ende des 14. Jahrhunderts hingen nach Schätzungen ca. 6.000 Personen (15 % der Kölner Gesamtbevölkerung!). Zwischen 1372 und 1378 erzeugten sie 10.000 Tücher (ein Kölner Maß)[48]. Ihre Macht beruhte auf der großen Bedeutung ihrer Erzeugnisse für das Exportgewerbe. Darauf beruhte auch das Verbot – wegen angeblich geringerer Qualität –, bei Kerzenlicht zu arbeiten. Die Gütekontrolle ging zeitweise so weit, dass kein Stück verkauft werden durfte, das nicht vorher offiziell besichtigt worden war. Das Wollenamt war so reich, dass es sich mehrere Zunfthäuser leisten konnte. Ihr Niedergang setzte allerdings schon im 15. Jahrhundert ein: Wurden im 15. Jahrhundert noch 4.000 bis 5.000 Tuche jährlich versteuert, waren es zu Beginn des 18. Jahrhunderts nur noch regelmäßig 500. Die Konkurrenz aus England und Flandern setzte den Zunftmitgliedern sehr zu. Vielleicht war man dort ja auch innovationsfreudiger.

Ihr Schutzpatron war u. a. St. Martin, weil der mit einem Bettler seinen Wollmantel geteilt hatte.

---

[47] Tirtei = Mischgewebe aus Leinen und Wolle.
[48] Ca. 1 × 2,5 m, eine Maßeinheit, die auch in Köln über die Jahrhunderte wechselte.

Brauer

Die Brauer mussten sich untereinander Mengenbeschränkungen auferlegen, damit die Weizenpreise nicht stiegen. Weil diese Auflage aber nicht für die geistliche Konkurrenz galt (Klöster), kam es immer wieder zu Klagen der zünftischen Brauer.

Die Brauer wurden seit 1429 von den „Bierherren", zwei Ratsherren, beaufsichtigt. Da in Köln jahrhundertelang der Wein als alkoholisches Getränk dominierte, gab es hier nur 88 Brauereien, in anderen deutschen Städten wesentlich mehr.

Der Schutzpatron der Brauer war St. Petrus von Mailand (auch Verona), weil der kurz vor der Gründung der Bruderschaft den Märtyrertod erlitten hatte und damals besonders populär war. Man kann übrigens Petrus von Mailand bei Kopfschmerzen anrufen. Ob das etwas mit dieser Zunft zu tun hatte?

Schneider (Schröder)

Weil es in diesem Gewerbe keiner großen Kapitalausstattung bedurfte, zog es viele Handwerker in diesen Berufsstand, insbesondere Frauen. Kaufmannsgut stellten sie nicht her, deshalb durften sie – wegen der schlechten Lichtverhältnisse – auch bis Mitternacht arbeiten. Nicht zuletzt dadurch kam es hier aber manchmal zu minderer Qualität, die die Zunftmeister auf ihren „Umgängen" einsammelten.

Schutzpatron war Johannes der Täufer, weil Herodias der Legende nach – in ihrem glühenden Hass auf Johannes – die Zunge des Enthaupteten mit ihrer (Haar-(!))Nadel durchstochen haben soll.

Bäcker (Pfister)[49]

Die Kontrolle der Nahrungsmittelherstellung wurde – zum Schutz der Bevölkerung vor minderer Qualität und Teuerungen – schon weit vor

---

[49] Aus dem lateinischen Pistor = Bäcker (und Müller).

der Gründung der entsprechenden Zünfte von der jeweiligen Obrigkeit ausgeübt. Die Aufsicht führten in Köln die Bürgermeister mit ihren Ratsdienern, ihrem Schreiber und den Brotwiegern, und zwar zunächst in einer zentralen Brothalle, die aber schon vor 1289 aufgegeben wurde. Die Bäcker konnten den Rat nämlich davon überzeugen, dass eine Ansiedlung ihres Gewerbes in der ganzen Stadt die optimale Versorgung der Bevölkerung besser sicherte.

Ihre Zunftordnung verbot u. a., die Müller zu bestechen (ob es geholfen hat?).

Wenn das Brot des Bäckers gewogen und als zu leicht empfunden wurde, drohten dem Hersteller empfindliche Strafen, und zwar nicht in Form einer Geldbuße, sondern er musste den Duckstuhl oder die Wippe besteigen, eine Art Pranger.

Darauf wurde der Bäcker festgebunden und in den Rhein getaucht, je nach Schwere des Vergehens mit einer halben oder einer ganzen „Wippe" (bis über den Kopf). Für die Bevölkerung war das ein großes Schauspiel, bei dem sie den Delinquenten mit Hohn und Spott überschütten durften.

Nachbau einer Bäckerwippe in Eichstätt/Bayern (Altmühltal)

Im 15. Jahrhundert war der Bäcker eines Klosters oder eines Stifts – anders als die Handwerker der anderen Gewerbe – auch zünftisch organisiert, jedenfalls dann, wenn er einen eigenen Backofen betrieb.

Schutzpatronin der Bäcker war u. a. die heilige Elisabeth, weil sich – nach der Legende – in ihrem Korb das Brot für die Armen in Rosen verwandelt hatte, als ihr Ehemann sie bei der verbotenen Brotverteilung entdeckte.

Schilderer (Maler)

Die Dauer der Lehrzeit im Schildererberuf lag zunächst bei vier Jahren, wurde aber 1449 auf sechs Jahre verlängert und mit genaueren Regeln ausgestattet. So wurden nun z. B. Bewerber zwei Wochen lang auf ihre Eignung geprüft (wir kennen auch heute noch die Probezeit). Nahm sie dann ein Meister als Lehrknecht in sein Haus, hatten sie vier Kölnische Mark (etwa 400 €) jährlich an die Zunft zu zahlen und ihr fünf Liter „vom besten" Wein zu übergeben. Fremde Meister mussten zunächst vier Jahre bei einem einheimischen Schilderer gearbeitet haben, bevor sie sich in Köln selbständig machen und in die Zunft aufgenommen werden konnten. Diesen Zeitraum konnte der Bewerber aber auch mit einer entsprechend hohen Zahlung der Zunft „abkaufen".

Eines der bekanntesten Mitglieder dieser Zunft war **Stephan Lochner,** der wichtigste Vertreter der mittelalterlichen Tafelmalerei[50], der in Köln etwa von 1440 bis 1451 (†) nachgewiesen ist. Viel bekannt ist nicht über ihn. Es wird vermutet, dass er aus Meersburg am Bodensee stammt, wie ein Schriftstück belegt, mit dem der Kölner Rat das Erbe von Lochners Eltern in Meersburg am Bodensee einforderte. Andere Existenznachweise über ihn und seine Familie lassen sich über Schreinsbücher (Grundbücher) und weitere Kölner Archivalien belegen.

Zu Lochners Werken gehören u. a. Madonna im Rosenhag (heute im WRM), Altar der Stadtpatrone (heute im Kölner Dom), Madonna mit dem

---

[50] Bilder wurden damals – wie die Ladenschilder – auf Holztafeln gemalt, nicht auf Leinwand.

Veilchen (heute im Kolumba-Museum), weiterhin das Leben und Leiden Christi in 31 Bildern, Anbetung des Kindes. Auch die Zuordnung dieser Werke zu Stephan Lochner ist nur einem Zufall zu verdanken, weil es zu seiner Zeit nicht üblich war, die eigenen künstlerischen Werke zu signieren. Der große deutsche Maler Albrecht Dürer hat einmal geschrieben, dass er bei einem Besuch in Köln unbedingt das berühmte Bild des großen Meisters Stephan in der Ratskapelle sehen wollte. Es handelte sich um die „Madonna im Rosenhag" (s. o). Die Kunsthistoriker konnten dann im 19. Jahrhundert mehrere andere Werke der mittelalterlichen Tafelmalerei durch Stilvergleiche diesem Maler – manchmal nur „seiner Werkstatt" – zuordnen.

Schutzpatron der Schilderer war Lukas, einer der vier Evangelisten des Neuen Testaments, weil er der Legende nach Mutter Maria gemalt haben soll.

Fiktiver Dialog

Um in einer imaginären Rückschau den vermutlichen Alltag im Haus eines zünftischen Handwerkers im 15. Jahrhundert noch etwas anschaulicher zu machen, habe ich mir folgendes Gespräch zwischen dem berühmten Kölner Maler Stephan Lochner, der wahrscheinlich vom Bodensee stammte, und seiner Frau Lysbeth vorgestellt:

An einem sonnigen Montagmorgen betreten Stephan und Lysbeth die Werkstatt des Meisters und bleiben hinter ihrem Meisterknecht Lukas stehen, der gerade auf einer Lindenholztafel ein Bild der Jungfrau Maria fertigstellt.

Stephan wendet sich an Lysbeth und stellt anerkennend fest:

„Ich danke jeden Tag Gott aufs Neue, dass ich meinen Meisterknecht Lukas in meiner Werkstatt habe. Von auswärtigen Kunden höre ich manchmal, dass sein Stil fast nicht mehr von dem meinen zu unterscheiden ist. Hoffentlich hat er noch lange nicht das Bedürfnis sich selbständig zu machen."

Als ebenfalls langjähriges Mitglied des Amtes der Schilderer kennt sich Lysbeth in den Satzungen und Gepflogenheiten ihres Amtes aus und kann Stephan beruhigend antworten: „Ich bin sicher, lieber Mann, dass du dir darüber keine Sorgen zu machen brauchst. Du weißt doch, wie schwer es in Köln ist, eine eigene Werkstatt zu gründen. Und was das kostet! Das Abwerben von Meisterknechten und Hilfskräften in andere Kölner Werkstätten ist ja auch – wie du weißt – verboten.

Aber ich denke, du könntest noch weitere Hilfe in deiner Werkstatt brauchen. Auf dem Markt erzählt man sich, dass manche deiner Amtsbrüder die Farben von Alchemisten herstellen lassen. Das wird natürlich niemand öffentlich zugeben, weil ja Alchemisten im Ruf der Zauberei stehen, obwohl schon unser großer Dominikanerprediger Albertus Magnus sich mit Alchemie beschäftigt haben soll.

Wenn für die eigene Farbherstellung in unserer Werkstatt nicht mehr mit so giftigen Stoffen wie Bleiweiß und Mennige umgegangen werden muss, kommt das unserer Fürsorgepflicht für unsern Hausstand sehr entgegen; denn ich weiß ja, dass du oft nicht darauf achtest, ob die Lehrknechte ihren Mundschutz bei der Farbenherstellung tragen, wenn du wieder einmal so in deine Arbeit vertieft bist." Dabei deutet sie auf den Lehrknecht Bruno, der im Hintergrund der Werkstatt mit dem Zerreiben von giftigen Farbrohstoffen beschäftigt war. Sie ging selbstverständlich sofort zu ihm und reichte ihm – ihn streng anblickend – seinen Mundschutz, den er bequemlichkeitshalber neben sich auf die Werkbank gelegt hatte.

„Wie du dich soeben überzeugen konntest", sagte Stephan zu Lysbeth, als sie zu ihm zurückgekehrt war, „lege ich großen Wert auf selbst hergestellte Farben, denn in meiner Malerei wird die Körperlichkeit von dieser Farbe getragen, die sich durch besondere Leuchtkraft auszeichnet. Deshalb kann ich mir auch erlauben, auf eine realistische Darstellung von Landschaft und Innenräumen zu verzichten." Und nun hob er seine Stimme, „diese Qualität werde ich auch nicht aufgeben. Es hat sich gelohnt, dass ich in Burgund bei Robert Campin und Jan van Eyck gearbeitet habe.

Du warst ja heute Morgen schon früh unterwegs. Hast du noch mehr gute Ratschläge mitgebracht? Ich sehe es dir doch an. Nur heraus damit!"

„Oh ja, lieber Mann", antwortet Lysbeth, „auf dem Markt erfährt man nämlich so allerhand, was deine Amtsbrüder – aus verständlichen Gründen – dir nicht immer gleich auf die Nase binden. Allerdings auch weniger erfreuliche Dinge: So hat mir neulich Drutgin Overstolz erzählt, unsern Lehrknecht Andreas habe man kürzlich in der Schwalbengasse[51] gesehen. Das fördert nicht gerade den guten Ruf unseres frommen Hauses."

Stephan sieht sie betroffen an: „Da hast du vollkommen recht, liebes Weib!

Aber seitdem ich in den Rat gewählt worden bin und dreimal wöchentlich an den Sitzungen teilnehmen muss und selbstverständlich auch noch mit Folgearbeiten betraut bin, erwarte ich von dir mehr Einsatz in unserem Hausstand. Nimm den Andreas mal gehörig ins Gebet und achte auch darauf, dass er zur Beichte geht."

„Selbstverständlich, lieber Mann", versichert ihm Lysbeth eilfertig. „Aber du solltest noch wissen, was ich sonst noch auf dem Markt gehört habe:

So benutzen manche deiner Amtsbrüder für goldene Hintergründe oder Heiligenscheine dünnere Goldbleche, als du es tust."

Stephan überlegt. Dann sagt er langsam: „Das geht zwar. Ich müsste dann aber in meiner Werkstatt Türen und Fenster besser abdichten, damit kein Luftzug mir das Goldblech auf dem Untergrund vor der Fertigstellung des Bildes verschiebt. Das heißt, wir müssten zunächst einmal kostenträchtig umbauen. Ich werde mir diese Anregung aber einmal durch den Kopf gehen lassen. – Was hast du denn sonst noch erfahren?"

Lysbeth freut sich, dass ihr Stephan heute so aufmerksam zuhört. Dazu nahm er sich nämlich nicht immer Zeit. Deshalb antwortet sie schnell: „Andere Amtsbrüder wiederum verwenden manche Holztafeln mehrfach, wenn sie nicht mehr gebraucht werden oder sich Fehler in das Bild eingeschlichen haben. Sie brauchen sich dann keine neuen Holztafeln zu kaufen. Ich habe auch von Schablonen gehört, die von manchen Amtsbrüdern verwendet werden, wenn Motive immer wieder gemalt werden müssen, gleiche Heilige, gleiche Blumen, gleiche Zeichen und Ähnliches. Das Vorleimen von Holztafeln und Leinwänden könnte in

---

[51] Bordellgasse des Mittelalters.

anderen Werkstätten durchgeführt werden. Das würde deine Werkstatt ebenfalls entlasten.

Schließlich hat mich kürzlich auch Markus von nebenan angesprochen; du weißt schon: der Sohn von Meister Ockenbürs. Er möchte gern dein Handwerk lernen. Dann hättest du weitere Hilfe."

„Das sind ja sehr interessante Hinweise, die du da mitbringst, vor allem deshalb, weil ich noch so viele andere Verpflichtungen übernommen habe. Darum konnte ich noch nicht einmal den Auftrag zur Ausmalung des Gürzenich annehmen[52], obwohl er nur schräg gegenüber liegt und es mir viel Ansehen gebracht hätte.

Ich werde aber über alle deine Anregungen nachdenken und mit meinen Meisterknechten besprechen."

Lysbeth strahlt ihn an und erwidert: „Ich freue mich sehr, dass du meine Anregungen so wohlwollend bedenken willst, denn auch Herr von Lyskirchen wartet schon lange auf ein Altarbild mit Stifterporträt. Wir dürfen ihn nicht verärgern! Und für die Kleingedanks sollst du auch noch die Gademmenschilder malen."

Dann neigt Lysbeth leicht den Kopf und sagt etwas zögernd, aber bestimmt: „Wenn du dann neue Techniken einführst, dir die Arbeit schneller von der Hand geht und eine weitere Hilfskraft einstellst", sie stockt ein wenig, senkt ihre Stimme und blickt etwas verlegen zu Boden, „hast du vielleicht auch wieder mehr Zeit, mit mir das Lager zu teilen, wie es sich für einen pflichtbewussten Ehegemahl geziemt. Ich möchte nämlich noch mehr Kinder, und nur durch Gebete an die Mutter Maria werden sie sich nicht einstellen."

Stephan lächelt sie zärtlich an, nimmt ihren Arm und führt sie entschlossen aus der Werkstatt, um ihr unverzüglich zu beweisen, dass er dazu nicht unbedingt auf ihre wertvollen Rationalisierungsanregungen angewiesen ist.

---

[52] Fertiggestellt 1447.

Zünfte und Gaffeln

Um die Mitte des 14. Jahrhunderts begannen auch Kaufleute sich zusammenzuschließen, um gemeinsame Interessen besser durchsetzen zu können. Sie nannten sich Gaffeln nach dem kölnischen Wort für Gabel, weil bei ihren Zusammenkünften der Vorsitzende, der Baas, den Mitgliedern das Fleisch mit einer großen Vorlegegabel servierte. Ihre Namen wählten sie nach den Häusern, in denen sie ihre regelmäßigen Versammlungen abhielten (Gaffel Eisenmarkt, Himmelreich, Schwarzhaus, Windeck). Über diese Organisationen wollten sie an der politischen Willensbildung in der Stadt mitwirken. Da die Zünfte (Ämter) ebenfalls an der Macht in der Stadt teilhaben wollten, bildeten sie auch die politischen Organisationen von **Gaffeln**, in der sich oft mehrere Zünfte (Ämter) zusammenschlossen. So unterschrieben schließlich insgesamt 22 Kaufleute- und Handwerkergaffeln 1396 den sogenannten Verbundbrief, mit dem sie in einer unblutigen Revolution die Herrschaft der Richerzeche ablösten (s. o.).

Beispiele:
Wollenamt mit Wollenwebern, Tuchscherern, Weißgerbern;
Bindelmacher mit Gürtlern, Drechslern, Bürstenbindern, Nadelmachern, Kammmachern, Blechschlägern;
Schwarzhaus mit Blauleinenfärbern und Waidhändlern;
Goldschmidt mit Goldschlägern und Goldspinnerinnen.
Es gab auch – heute recht seltsam anmutende – Verbindungen, wie
Fischamt mit Fischmengern, Schiffern und – Buchbindern;
Schilderer und Glaswörter[53] mit Malern, Glasern und – Sattlern;
Sarwörter mit Schwertfegern, Handschuhmachern, Hutmachern, Korbmachern und – Barbieren.

Zünftisch organisierte Angehörige der Urproduktion (Acker- und Gemüsebauern) gab es in Köln nicht. Durch eine Schreinsbucheintragung ist

---
[53] Wörter = Werker.

1334 aber erstmals etwas Ähnliches belegt, nämlich eine Bauerbank, die demnach schon vorher bestanden haben muss. Im Laufe der Jahrhunderte hatten sich fünf weitere Bauerbänke gebildet, denen ursprünglich nur Grundbesitzer und Grundpächter angehörten. Später vereinigten sich aber auch die eigentlichen Produzenten – Acker- und Gemüsebauern – zu Bauerbänken.

Ende der Zünfte

Manche Berufe starben aus (Schwertfeger, Harnischmacher (Sarwörter), Lebzelter[54]) oder wandelten sich (aus Badern wurden Chirurgen).

Das generelle Ende von Zünften und Gaffeln leiteten aber die Franzosen ein, als sie gleich nach dem Einmarsch in Köln im Oktober 1794 eine liberale Wirtschaftsordnung einführten. Damit löste sich auch der Handwerkerfamilienverband auf, und jahrhundertealte gesellschaftliche Strukturen brachen auseinander, die sich erst mühsam im aufkommenden Industriezeitalter mit erheblichen Geburtswehen neu entwickeln mussten.

Das schriftliche Verbot der Zünfte am 26.03.1798 muss dann nur noch als ihre Sterbeurkunde angesehen werden. Vorher hatten sie aber ihre seit 400 Jahren bestehende Macht im Rat über ihre Gaffelzugehörigkeit schon durch die Einführung einer neuen Stadtverfassung für Köln am 17.05.1796 eingebüßt.

Aber Mitte des 19. Jahrhundert wurden die Zünfte wieder belebt unter dem Namen „Innung".

Sogar die noch ältere Institution der „Bruderschaft" scheint man wiederbeleben zu wollen: Die im Jahr 1986 von 24 Kölsch-Brauereien vereinbarte Kölsch-Konvention gründete die „St.-Petrus-von-Mailand-Bruderschaft", die alljährlich am 29.04. ein Festmahl mit prominenten Gästen veranstaltet und vorher ihrem Schutzpatron, Petrus von Mailand, eine Messe in St. Andreas widmet.

---

[54] Stellten her und handelten mit Honig, Arznei aus Honig und Lebkuchen.

Erhaltene zünftische Redewendungen

Das Handwerk legen
konnte eine Zunft einem Handwerker, der sich nicht der entsprechenden Zunft anschließen wollte;

dem Fass den Boden ausschlagen
tat der Lebensmittelkontrolleur, wenn er die vom Brauer oder Winzer hergestellte Ware als verdorben festgestellt hatte, um damit das Fass zu leeren und die Ware zu vernichten;

Wasser auf seiner Mühle
brauchte der Müller, der mit Wasserkraft mahlen wollte;

wer ihm das Wasser abgrub,
war diesem Müller nicht wohlgesonnen;

in den Sack haute
ein zünftischer Wandergeselle seine persönlichen Habseligkeiten, wenn er weiterreiste;

blaumachen
konnten die Weidblaufärber montags, wenn sie samstags die Wolle eingefärbt hatten, denn die musste zwei Tage trocknen;

mehrere Eisen im Feuer
hatte der Schmied, wenn er aus ökonomischen Gründen gleichzeitig mehrere Werkstücke im Feuer bearbeiten wollte;

seine Hände in jedem Teig
musste der Bäcker haben, wenn er in seiner Backstube für eine einheitlich gute Qualität seiner Backwaren sorgen wollte;

ein Schlitzohr
bekam der Geselle, dem man zur Strafe den zünftischen Ohrring abriss, wenn er sich nicht zünftisch verhalten hatte; er wurde geächtet.
In allen Handwerksberufen war aber der **Meister** besonders angesehen, was aus folgenden Redensarten heute noch erkennbar ist:

Übung macht ihn,
irgendwann **findet jeder seinen,**
aber es ist noch **nie einer vom Himmel gefallen.**

Stephan Lochner

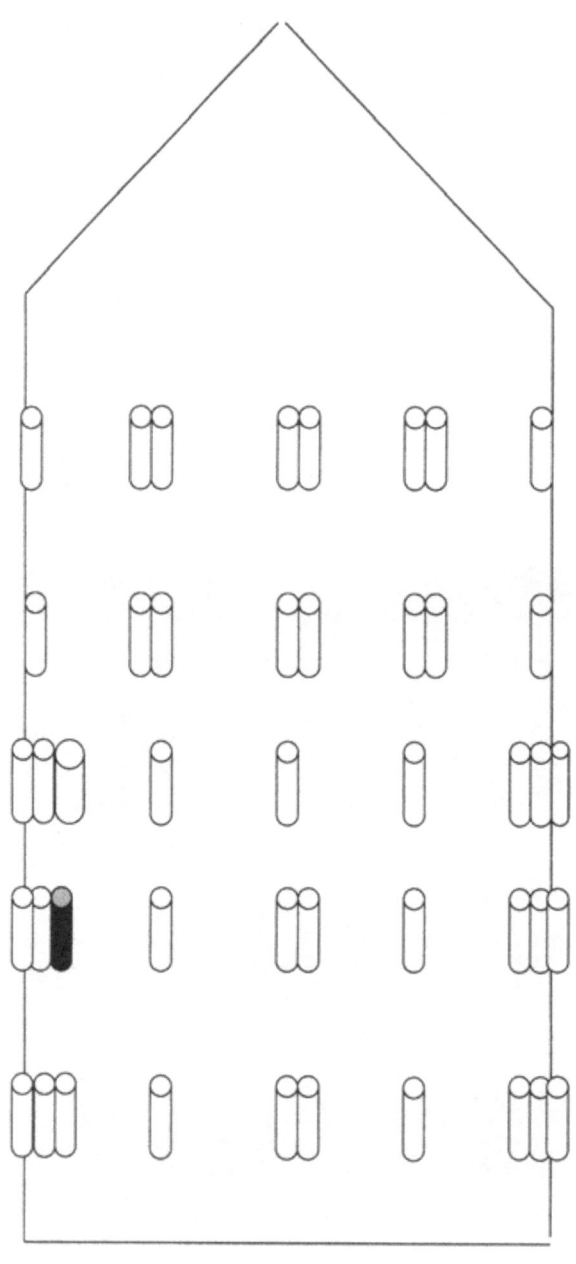

Dom-Seite (Norden)

1288 Schlacht bei Worringen

Ein „Freiheitskampf" und seine Folgen

Welche Form von Freiheit hatte die Stadt nach der Schlacht bei Worringen vor über 725 Jahren erreicht?
Allgemeine Entwicklung des Stadtrechts
Die reichsfreie Stadt innerhalb der Organisation des Heiligen Römischen Reichs Deutscher Nation
Rechte und Pflichten der Reichsstädte
Kölns Entwicklung zur freien Reichsstadt
Freie Reichsstadt im Dialog:
Hauptseidmacherin Fygen Lutzenkirchen († nach 1515) verteidigt „die Freiheit" gegenüber dem Erzbistumsverwalter Hermann von Hessen († 1508)

Welche Form von Freiheit hatte die Stadt nach der Schlacht bei Worringen vor über 725 Jahren erreicht?

Nicht die Schlacht selbst und ihre Ursachen sollen hier beschrieben werden, dazu gibt es genügend Literatur (s. Literaturliste). Nach der Schlacht bei Worringen 1288 hatte sich die Stadt Köln faktisch den Status einer freien Reichsstadt erkämpft.

Wenn wir heute den Begriff „freie Reichsstadt" hören, haben wir unwillkürlich große, alte deutsche Städte vor Augen, wie Augsburg, Frankfurt, Lübeck, Nürnberg und selbstverständlich – Köln. Aber wenn wir uns die beiliegende Liste der „freien Reichsstädte" ansehen[55], wundern wir uns, wie viele kleine Städte sich so nennen durften, z. B. Andernach, Ingelheim, Rothenburg o. d. T. oder der heutige Ortsteil Kessenich der

---

[55] Liste der freien Reichsstädte und ihre Entwicklung s. Internet unter Wikipedia, Stichwort „freie Reichsstadt".

belgischen Gemeinde Kinrooi an der Maas. Sie waren wahrscheinlich auch schon im Mittelalter nicht groß oder bedeutend.

Wie kommt das?

Was bedeutete denn „freie Reichsstadt"?

Um zunächst kurz auf den Freiheitsbegriff einzugehen, ohne allzu philosophisch zu werden:

Der Freiheitsbegriff ist nicht nur positiv besetzt. Auch wenn er sich für uns oberflächlich so anhört. Freiheit ist ein Handlungsspielraum für die persönliche Selbstverwirklichung im Rahmen einer Gesellschaft. Das Wort „Rahmen" weist auf den prinzipiellen Widerspruch zwischen Freiheit und Ordnung. Absolute Freiheit kann zu einer Gesellschaft führen, in der das Recht des Stärkeren gilt, der seine Freiheit bis zum Exzess ausnutzt. Deshalb braucht „Freiheit" einen Rahmen (Gesetze, Rechte). Sie muss organisiert werden, damit sie nicht im Chaos untergeht.

Die freie Reichsstadt fühlt sich also dem Reich und seiner Ordnung zugehörig, aber nur seinem Repräsentanten, dem Kaiser, untertan, keinem Territorialfürsten.

Ohne darüber hinaus auf den vielfältigen Begriff der Freiheit näher einzugehen, hier nur ein kürzlich von dem Kölner Philosophen Andreas Speer geäußertes Statement:

„Man kann mit einem Messer
- operieren,
- eine Apfelsine schälen oder
- jemanden ermorden."

Speers Statement auf eine Gebietskörperschaft übertragen würde bedeuten: „Eine freie Reichsstadt kann für ihre Bürger ein Fest ausrichten, eine Marktordnung erlassen oder einen Eroberungskrieg anzetteln."

Diesen Freiheitsrahmen wollten sich die nach Unabhängigkeit strebenden Städte des Mittelalters lieber selbst setzen, als ihn sich oktroyieren (von höherer Instanz aufzwingen) zu lassen.

Solch ein Rahmen muss natürlich zwischen den Beteiligten ausgehandelt werden, denn in Konfliktsituationen führt die größere Freiheit der einen Institution (hier Stadt) immer zur Einschränkung der Freiheit der anderen Institution (hier Erzbischof).

Allgemeine Entwicklung des Stadtrechts

Das europäische Stadtrecht war eine Entscheidung gegen die fürstliche Oberherrschaft durch deren Landesrecht, das die Städte in unterschiedlichem Ausmaß von ihren ursprünglichen Stadtherren auszuhandeln oder sogar zu erzwingen verstanden.

In Flandern und Oberitalien empörten sich schon seit dem 11. Jahrhundert (in Köln erstmals 1074) Städter gegen ihre feudalen Herren, Kaiser, Bischöfe, Grafen, Äbte.

Auch wenn sich das städtische Patriziat gern mit dem Adel verglich – was die gesellschaftliche Stellung angeht –, wusste es doch, dass eine Stadt anders organisiert werden musste als eine dörfliche Gemeinschaft mit einem Adelshof, einer Burg oder einem Kloster an der Spitze der Hierarchie. Eine große Gemeinschaft mit stark arbeitsteiliger Wirtschaft lässt sich eben nicht für die Menschen zufriedenstellend und wirtschaftlich erfolgreich „von oben" regieren. Das haben auch moderne Gesellschaften immer wieder gezeigt (kommunistische Staaten, andere Diktaturen wie Simbabwe, Chile oder Argentinien). Man darf ihnen nur einen juristischen Rahmen geben (allgemeine Selbstverwaltung wie mittelalterliche Marktordnung bzw. soziale Marktwirtschaft), in dem sie sich entfalten können. Diese Erkenntnis wurde im Mittelalter zwar noch nicht wissenschaftlich abgesichert, aber man hat es wohl geahnt und durch die Praxis beweisen lassen.

Als wie wichtig auch heute noch die Selbstverwaltung auf Gemeindeebene empfunden wird, wurde in Deutschland bei der Gebietsreform von 1975 realisiert, als man in Großstädten die Stadtbezirke mit Bezirksrathäusern und Bezirksräten installierte, auf eine noch relativ überschaubare Ebene. Erst auf solch einer niedrigen Ebene kann sich m. E. auch eine allgemein akzeptierte Demokratie entwickeln.

Denn da, wo die Menschen sich noch tatsächlich begegnen und kennen lernen können, kann sich ein persönlicher Einsatz für eine Gemeinschaft am wirksamsten entfalten.

Aber kehren wir zurück ins Spätmittelalter, als eine starke Monarchie in Deutschland nicht mehr bestand. Auch deshalb fühlten sich hier die Bürger – notgedrungen – allein für ihre Gemeinschaft verantwortlich und verwalteten sie in Gerichts-, Heer-, Finanz- und Wirtschaftswesen selbst.

Zwar gebärdete sich zunächst das städtische Patriziat als adelige Oberschicht (nur dieses durfte Ratsherren und Bürgermeister stellen), aber in Köln brachen – mit dem Verbundbrief – schon 1396 die handwerklichen Zünfte in diese Schicht ein.

Die freien Reichsstädte konnten sich im Laufe ihrer Entwicklung selbst Macht und Privilegien sichern, und zwar in unterschiedlichem Umfang, wozu zunächst das Marktrecht, später auch Gerichtsbarkeit, Befestigungsrecht usw. gehörten. Dabei konnte sich die Gemeinde ihre Stadtrechte – und damit Selbstverwaltung – erkämpfen oder kaufen oder von ihrem Stadtherrn durch Heimfall (nicht eingelöstes Pfand) bekommen.

Manche reichsfreien Städte verloren im Laufe ihrer Geschichte auch ihre Freiheit wieder, z. B. wenn ein Kaiser oder ein Bischof sie zugunsten eines anderen Landesherren verpfändet hatte und Erstere bei Fälligkeit das Pfand nicht mehr einlösen konnten.

Die Organisation einer reichsfreien Stadt war auch eine Organisation gegen kriegerische Gewalt, denn Krieg verschließt dem Handwerker die Rohstoffquellen und dem Kaufmann die Absatzmärkte. Zum Schutz dieser Ressourcen schlossen sich Städte zu Bündnissen zusammen (Hanse aus dem 12. Jahrhundert, Rheinscher Städtebund aus dem 13. Jahrhundert), in denen sie sich gegenseitig Rechtshilfe zusicherten, oder sie schlossen Einzelverträge. Im Vertrag mit Nijmegen von 1278 sicherten sich Köln und Nijmegen sogar zu, die Bürger der Partnerstadt wie eigene zu behandeln.

Eine mitteleuropäische Stadt strebte grundsätzlich keine territorialen Eroberungen an. Welche Komplikationen sich aber daraus ergeben konnten, mag ein Beispiel aus dem Jahr 1632 zeigen:

Im September 1632 marschierte die schwedische Armee im Verlauf des Dreißigjährigen Krieges durch den Westerwald nordwärts. Ziel war die reiche Stadt Köln mit den dort versammelten Fürsten. Von zentraler Bedeutung für die Verteidigungsfähigkeit der Stadt war es, dass die ihr gegenüber auf der anderen Rheinseite liegende Freiheit Deutz in ihr Festungssystem einbezogen werden könne. Deutz aber gehörte zum Erzbistum. Seit Monaten verhandelte die Stadt schon mit dem Erzbischof darüber, den Flecken befestigen zu dürfen. Besonders gegen die Stationierung von Stadtsoldaten dort hatte der Erzbischof Bedenken. Unter dem Eindruck des unverminderten schwedischen Vormarschs schalteten sich der hier im Exil lebende Bischof von Würzburg, Franz von Hatzfeld, und der Mainzer Kurfürst und Erzbischof Anselm Casimir in die Gespräche ein. Am 29.10.1632 konnte Hatzfeld endlich dem Kölner Rat melden, der Kölner Erzbischof Ferdinand sei mit der Befestigung von Deutz einverstanden.

Die Stadt war wieder einmal an einer Eroberung vorbeigeschlittert.

Die reichsfreie Stadt innerhalb der Organisation des Heiligen Römischen Reichs Deutscher Nation

Die Reichsstädte gehörten innerhalb des Heiligen Römischen Reichs Deutscher Nation seit 1489 zu einem eigenen Stand, zum Stand der Bauern, der innerhalb der „vier Kollegien" des Reichstags[56] ein eigenes Kollegium bildete:

1. Kaiser und Kurfürsten
2. Herzöge und sonstige Fürsten
3. Landgrafen und Burggrafen
4. Reichsgrafen, Ritter, Reichsfreiherren und Städte

---

[56] Seit dem frühen 15. Jahrhundert bildhafte Darstellung der Stände in der Reichsorganisation.

Rechte und Pflichten der Reichsstädte

Macht und Rechte der reichsfreien Städte bildeten sich höchst unterschiedlich aus. Lübeck und Nürnberg besaßen schon seit 1350 die Hoch- oder Blutgerichtsbarkeit, dagegen Köln bis zum Ende ihrer Reichsfreiheit nicht. Auch das Mühlenregal[57] gehörte bis dahin noch zur Hälfte dem EB. Grundsätzlich
- durften die Reichsstädte sich selbst organisieren,
- waren in der Regel nur dem Kaiser steuerpflichtig,
- mussten immer an den Reichstagen teilnehmen und
- mussten dem Kaiser auch häufig im Kriegsfall ein Heereskontingent stellen bzw. sich freikaufen.

Kölns Entwicklung zur freien Reichsstadt

Ich möchte jetzt nicht näher auf die Unterscheidung von freier und Reichsstadt eingehen, die gab es nämlich tatsächlich. Für beide galt aber, dass sie – von Grundfreiheiten ausgehend, z. B. Marktrecht – sich immer mehr Freiheiten bzw. Rechte nach und nach von ihren Stadtherren, seien es nun König, Abt oder Erzbischof gewesen, erhandelten, erwarben oder erkämpften.
Wie sah diese Entwicklung nun für Köln aus?

1106   Verleihung der Wehrhoheit durch Kaiser Heinrich IV. (zur Umsetzung mussten die Bürger eine Stadtbefestigung bauen. Das ging am besten, indem sie sich durch Bildung einer Schwurvereinigung gegenseitig verpflichteten, d. h., die Kölner Bürger wurden dadurch erstmals schwurfähig (vorher nur dem Adel vorbehalten)). Den einzelnen Bürgern wurde nun auch erlaubt
- sich ihre Ehepartner selbst auszusuchen,
- sich ihren Beruf frei zu wählen,

---

[57]   Das Recht auf Anlage und Betrieb einer Mühle.

- ihre Ehegatten als Erben einzusetzen,
- die Todfallabgabe gegenüber ihrem Landesherrn zu verweigern.

Und wer ein Jahr in der Stadt gelebt hatte, durfte nicht mehr an seinen ehemaligen Herrn ausgeliefert werden.

1180 Köln erwirbt vom Erzbischof gegen Zahlung von 2.000 Mark (ca. 360.000 bis 400.000 €; Basis: Silberpreis Mai 2012 ca. 800 €/kg) das Recht auf Stadterweiterung und Befestigung (große mittelalterliche Stadtmauer).

1231 König Heinrich VII. bestätigt, dass die Kölner Bürger nicht mehr für die Schulden des Erzbischofs haften müssen.

1248 Erzbischof Konrad von Hochstaden verspricht den Kölnern Zollfreiheit auf dem Land- und Wasserweg nach Neuss.

1257 Der deutsche König Richard von Cornwall verspricht den Kölnern, dass sie nicht zur Heerfolge gezwungen werden können.

1258 Großer Schied: Die Kölner Bruderschaften (Vorläufer der Zünfte) dürfen ihren Brudermeister selbst wählen.

1262 EB darf seine Kathedralstadt Köln nur noch mit Genehmigung des Stadtrates betreten.

1288 EB Siegfried von Westerburg (und seine Nachfolger im Amt) wird nach der Schlacht von Worringen als weltlich regierender Herrscher endgültig aus der Stadt vertrieben. Siegfried wird in Monheim gefangen gesetzt, und er musste sich schriftlich verpflichten, auf alle weltlichen Herrschaftsrechte der Stadt gegenüber zu verzichten – auch für alle seine Nachfolger.

Aber schon zwei Jahre später ließ sich Siegfried von Westerburg vom deutschen König Adolf von Nassau mit Unterstützung von Papst Nikolaus IV. verbriefen, dass „die Stadt im Weltlichen wie im Geistlichen zu vollem Recht dem Kölner Erzbischof gehört".

Dieses volle Recht versuchten die EB auch immer wieder in zahlreichen Prozessen bis 1794[58] vor dem Reichskammergericht durchzusetzen.

Es gelang ihnen nicht.

---

[58] Einmarsch der Franzosen ins Rheinland und die Folgen.

1475   Formale Erhebung zur freien Reichsstadt.
Auch wenn ihre Stadt formal erst 1475 zur freien Reichsstadt erhoben wurde, machten die Kölner von 1288 an, was sie wollten, ohne den EB zu fragen. Sie mussten nur noch dem Kaiser „treu und hold" sein, d. h. dem Kaiser wohlgesinnt, nicht aber um jeden Preis gehorsam. Köln fühlte sich also schon ab 1288 als freie Reichsstadt.

Bis zur Schlacht von Worringen wechselten Rechte und Privilegien zwischen Erzbischof und der Stadt Köln mehrfach, wobei in der Regel auch dafür jeweils gezahlt werden musste. Die Preise dafür sind heute aber nicht mehr immer bekannt.

Freie Reichsstadt im Dialog

Der Literatur-Nobelpreisträger von 2006, Orhan Pamuk, hat einmal gesagt:
„[Denn] wir wissen, dass die Geschichte von Menschen ungleich reichhaltiger, menschlicher, [dramatischer] und fröhlicher ist als die Historie sämtlicher großer Gemeinschaften."
Deshalb lasse ich nun einmal zwei Personen in der Zeit der faktisch freien Reichsstadt Ende des 15. Jahrhunderts auftreten. Ich habe bewusst diese Zeit gewählt, weil in ihr zwei hohe Repräsentanten beider Seiten sich über fast 200 Jahre Erfahrung mit diesem Status der Stadt unterhalten können.

Die Personen

Fygen Lutzenkirchen, geboren um 1450, Hauptseidmacherin seit 1474, später auch Weinhändlerin, gestorben nach 1515, verheiratet mit dem Fernhandelskaufmann und Mitglied der Gaffel Wollenamt und mehrmaligem Ratsmitglied Peter Lutzenkirchen
und

Domkapitular Hermann von Hessen, ebenfalls um 1450 geboren, als dritter Sohn des Landgrafen von Hessen, seit März 1473 vom Domkapitel und seit November 1475 vom Kaiser zum Stiftsgubernator = Stiftsverwalter ernannt für den in Ungnade gefallenen Erzbischof Ruprecht; Erzbischof seit 1480 (bis 1508).

In welcher zeitlichen, politischen und kulturellen Umgebung treten die beiden uns entgegen?

Herbst 1474

Herzog Karl von Burgund versuchte seit Mitte 1474 an der Seite des Kölner EB Ruprecht Neuss zu erobern. Der Stiftsgubernator Hermann von Hessen vertrat die Gegenposition. Er ließ die erzbischöfliche Stadt Neuss mit angeworbenen Truppen verteidigen. Die Stadt Köln stand auf seiner Seite und unterstützte ihn finanziell in diesem Krieg.

Köln fürchtete beim Fall von Neuss das nächste Ziel Karls zu werden, und es versprach sich von der Unterstützung Hermanns die dauerhafte juristische Anerkennung seiner Unabhängigkeit durch das Erzbistum, falls Hermann Nachfolger von Ruprecht werden sollte. Außerdem stand der Kaiser auf der Seite Hermanns und damit auf der Seite der Stadt.

Köln mit seinen 40.000 Einwohnern war damals die größte Stadt Deutschlands mit florierendem Handel und Gewerbe und hatte sich schon seit längerem lieber dem Ausbau des Rathauskomplexes als der Vollendung der Bischofskathedrale, dem Kölner Dom, gewidmet.

Der in erster Linie von Süd- und Südosteuropa ausgehende Humanismus, der sich nicht zuletzt auf die altgriechischen Philosophen stützte, sickerte allmählich in die konservative Gesellschaft Kölns ein und begann mit seiner Betonung des Individuums und der geistigen Freiheit des Einzelnen die Kirche zu beunruhigen.

Köln war zu dieser Zeit bereits die deutsche Hochburg der noch relativ neuen Druckkunst, was zur Verbreitung dieser revolutionären Gedanken beitrug.

Stellen wir uns nun vor, dass an einem Sonntagmorgen im Herbst des Jahres 1474 die Gläubigen nach dem Hochamt den Dom verlassen, Fygen Lutzenkirchen verabschiedet sich – wie viele andere Besucher der Messe vor ihr ebenfalls – persönlich von Domkapitular Hermann von Hessen. Die beiden kennen sich gut und sind sich schon oft – auch beruflich – begegnet.

Fygen sah Hermann freundlich an:

> „Laudetur Jesus Christus[59]. Do häs jo widder en besonders schön Mess jehalde, huhveriehrte Hermann."

> *„Gelobt sei Jesus Christus. Du hast wieder eine sehr erbauliche Messe gehalten, verehrter Hermann."*

„In aeternum[60]. Amen. Danke, Fygen. Wenn uns der Herr erleuchtet, werden wir immer **beide** davon erbaut und zufrieden sein. Lass uns doch ein wenig zusammen gehen. Wir haben ja – zumindest ein kurzes Stück – denselben Weg."

Abgesehen davon, dass sich Hermann gern mit der klugen Fygen unterhielt, wusste er natürlich auch, welchen Einfluss sie über ihren Mann Peter und seine Mitgliedschaft auf der Gaffel Wollenamt und im Rat besaß. Es reizte ihn auch mit ihr zu diskutieren, weil ihm bekannt war, dass sie eine überzeugte Anhängerin reichsstädtischer Freiheit war.

„Ich habe deinen Ehemann in der Messe vermisst."

> „Do weiss jo, dat hä als Kaufmann en Woll- un Sickkrom vill in dr Welt erömtrecke muss. Zick en ner Woch is hä en Antwerpe. Do wor hä janz secher och en der Mess."

> *„Du weißt ja, dass er als Kaufmann in Woll- und Seidenwaren viel reisen muss. Seit einer Woche ist er in Antwerpen. Dort wird er sicher auch der Sonntagsmesse beigewohnt haben."*

---

[59] Lateinische Form von „Gelobt sei Jesus Christus".
[60] Latein: „In Ewigkeit".

Nun begaben sie sich auf den Weg über den Domhof zum erzbischöflichen Palast bzw. zu ihrem Wohnhaus in Oben Marspforten. Hermann wohnte – mit Erlaubnis des Rates – im ehemaligen erzbischöflichen Hof, seitdem er im vorigen Jahr zum Stiftsgubernator (Verwalter des Erzbistums) ernannt worden war. Die Nähe der Kathedrale erlaubte es ihm, sein immer noch geliebtes Priesteramt häufig auszuüben, und in einer eigenen Wohnung konnte er – was sein neues Amt mit sich brachte – ungestört wichtige Gespräche führen.

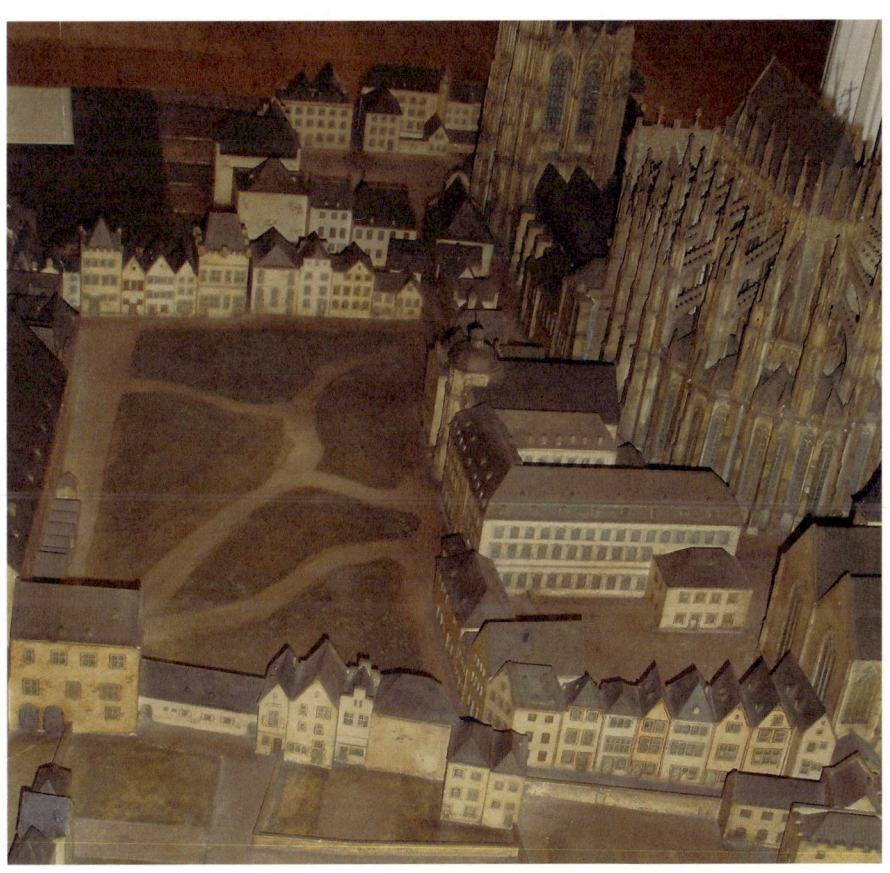

Modell des Domhofs im 15. Jahrhundert

Um Fygen nun weiterhin begleiten zu können, musste er allerdings seine großen Schritte den ihren etwas anpassen.

Ein etwa zehnjähriger zerlumpter Betteljunge stellte sich ihnen in den Weg und sah sie mit großen Augen bittend an. Fygen drückte dem Jungen einen Albus in die ausgestreckte Hand.

Hermann sah ihn freundlich an und schickte ihn zur Armenspeisung der Lupusbrüder.

„Dort drüben hinter der Kathedrale", wies er ihm mit der Hand den Weg.

Im Weitergehen nahm Fygen ihre Unterhaltung wieder auf.

„Ich maache mir Surje. De Zaldate vum Herzog Karl vun Burjund drieven sech zwesche Kölle un Antwerpe eröm und maache de Jäjend unsecher. Dat wör secher nit su wick jekumme, wann de Ezbischöff fröher nit su et Jeld zom Finster eruß jeschmesse un Jrund un Bodde un Rächte zom Pand jejovve hätte – och op uns Koste! –, öm die sich jetz jezänk weet.

Meer Kölsche welle keine Kreech. Dat stürt unse Handel. Meer, met unsem Jeschäff, künne dann nor janz jeföhrlich un met vill Koste ov jar nit unse rühe Sick us Lyon holle un unse paratjemaate Sick no Antwerpe, London oder Lübeck brenge."

„Ich bin sehr beunruhigt! Die Truppen Herzog Karls von Burgund machen die Gegend zwischen Köln und Antwerpen unsicher. Das wäre sicher nicht so weit gekommen, wenn der EB und schon sein Vorgänger nicht so verschwenderisch gelebt und so viel Grundbesitz und Rechte verpfändet hätten – auch auf Kosten unserer Stadt! –, um die jetzt gestritten wird.

Wir Kölner sind nie an Kriegen interessiert. Das stört unsern Handel. Wir persönlich mit unserm Geschäft können dann nur unter großen Gefahren, mit hohen Kosten oder gar nicht unsere Rohseide von Lyon beziehen und unsere fertigen Seidenstoffe nach Antwerpen, London oder Lübeck verkaufen."

„Manchmal sind Kriege aber unvermeidbar", entgegnete Hermann. „Dabei ist ein starker Herzog mit seinen weitreichenden Verbindungen und Bündnissen sehr hilfreich. Denke nur an den Eroberungswillen des burgundischen Herzogs. Wenn wir uns nicht verteidigen, geraten wir bald – auch die Kölner – unter seine Herrschaft! Und dann ist es auch aus mit der städtischen Freiheit Kölns. Das kannst du leicht daran erkennen, dass es in Karls burgundischen Städten schon lange gärt. Wie willst du in einem solchen Fall einen Krieg vermeiden?"

„Met Diplomtie, veriehrten Hermann, un ...", nun lächelte sie spitzbübisch und zupfte ihre Haube zurecht, „do häs doch secher allt ens vun Lysistrate jehoot."[61] Sie hatte erst kürzlich diese amüsante Geschichte des altgriechischen Dichters Aristophanes von ihrem Mann Peter erfahren, der sie aus Lyon mitgebracht hatte.
„Meer Wiever han allt immer doföör jesorch, dat uns Männer nit üvvermödig in ene Krech jetrocke sind", und mit erhobener Stimme fuhr sie fort:
„Uns Ahle verzälle noch luuter davun, wie uns Männer weje dä Kreeje vum Ezbischof Philipp von Heinsberg jeje Herzog Heinrich ömjekumme sin odr se zo widderlije Saache verföhrt wohte (1180/81), dat mäht uns hück noch verröck. Dat welle meer nit noch ens han! Un dann: Wie reskant dat jrad för uns Wiever un de Pute es, dat weis do jenau! Wat för ene Krechsmann immer op uns Sick steit, dä welle mer jähn met Jeld unger de Ärme jriefe, ävver nie mieh uns Männer un Poschte offere. Off meer Kölsche in ene Kreech trecke welle – oder wie do säs: möhte –, dat künne meer zick 1288 Jott sei Dank selvs bestemme und dat nor, wann de 44er[62] zostemme.
Un üvverhaup, veriehrte Hermann, do weiss selvs, dat unsen Äzbischof allt mänchmol vum Kaiser zom Paps un ömjekeet jewäßelt

---

[61] Komödie von Aristophanes (445–385 v. Chr.) von 411, in der er Lysistrate den Aufstand der attischen Frauen für die Beendigung des Peloponnesischen Krieges (431–404 v. Chr.) durch Verweigerung des Beischlafs mit ihren Ehemännern anführen ließ.
[62] Erweiterter Rat für Entscheidungen mit besonders großer Tragweite.

hät, je noh däm wer im et meeschte jebodde hät. Do woren im de Neijunge vun uns Kölsch ejal.
Meer Kölsche verlooßen un lever op uns Fründe en dr Nohberschaff ov op andere starke Städte."

„Mit Diplomatie, verehrter Hermann, und …", sie lächelte spitzbübisch während sie ihre Haube zurechtzupfte, „du bist doch ein gebildeter Mann. Muss ich mich erst auf Lysistrate[63] *berufen?"*
Sie hatte erst kürzlich diese amüsante Geschichte des altgriechischen Dichters Aristophanes von ihrem Mann Peter erfahren, der sie aus Lyon mitgebracht hatte.
„Wir Frauen sorgten schon immer dafür, dass unsere Männer nicht leichtfertig in den Krieg zogen", und mit erhobener Stimme fuhr sie fort: „Unsere alten Leute erzählen immer noch davon, wie unsere Männer durch die Kriege von Erzbischof Philipp von Heinsberg gegen Heinrich den Löwen umkamen oder zu beschämenden Ausschreitungen verführt wurden (1180/81), das traumatisiert uns noch heute. Das wollen wir nicht noch einmal erleben; ganz abgesehen von dem wirtschaftlichen Risiko – du weißt es, Hermann -, das allein wir Frauen mit unsern Kindern zu tragen haben. Falls der Kaiser – oder wer auch je auf unserer Seite steht - es wünscht, werden wir immer unseren finanziellen Beitrag leisten, aber nicht unsere Ehemänner und Söhne opfern. Ob die Kölner Bürger Kriege führen wollen - oder wie du sagst: müssen –, können sie seit 1288 Gott sei Dank selbst bestimmen, und das auch nur mit der Zustimmung der 44er[64].
Außerdem, verehrter Hermann, weißt du selbst, dass der Erzbischof hin und wieder seine Unterstützung von Kaiser oder Papst wechselt, jeweils zu seinem Vorteil. Und das soll die Stadt mitmachen, auch wenn es zu ihrem Nachteil ist?

---

[63] Komödie von Aristophanes (445–385 v. Chr.) von 411, in der er Lysistrate den Aufstand der attischen Frauen für die Beendigung des Peloponnesischen Krieges (431–404 v. Chr.) durch Verweigerung des Beischlafs mit ihren Ehemännern anführen ließ.

[64] Erweiterter Rat für Entscheidungen mit besonders großer Tragweite.

*Die Kölner Bürger schließen lieber mit der umliegenden Ritterschaft
oder anderen starken Städten Unterstützungsbündnisse."*

Hermann hatte von Lysistrate noch nie gehört. Deshalb ging er darauf auch nicht ein. Vermutlich war das wieder so eine Geschichte dieser gottlosen antiken Philosophen und Dichter, die neuerdings aus Südeuropa in Mode kamen und von denen er lieber nichts hören wollte. Aber zu den von Fygen so gelobten städtischen Bündnissen wollte er schon Stellung nehmen. Deshalb wandte Hermann ein – und konnte dabei eine gewisse Schadenfreude kaum verbergen:

„Nun, auf Unterstützungsbündnisse mit anderen Städten kann sich Köln auch nicht immer verlassen. Denke nur an den Ausschluss Kölns aus der Hanse vor drei Jahren.

Hat dagegen nicht Erzbischof Friedrich III. (1370–1414) in seiner langen ruhigen Regierungsperiode auch für das Wohl der Stadt gesorgt, indem er z. B. die Finanzen seiner Vorgänger sanierte?

Und schon viel früher hatte Erzbischof Bruno mit der Gründung von St. Martin und St. Pantaleon Mönche nach Köln geholt und damit die christlichen Tugenden in der Kölner Gesellschaft gefördert.

In den Klöstern beten die Mönche und Nonnen für die Kölner Bürger. Sie sorgen auch materiell für diese durch Aufnahme ihrer Söhne und Töchter.

Unter dem Krummstab lässt sich eben gut leben."

„Nit nor, denn de Klüster broten bes vör e paar Johre kein Akzise an de Stadt ze latze un han domet de kölsche Handwerker öndlich Kunkerrenz jemaht. Jott sei Dank hät dat dr Rot vür e paar Johr avjeschaff. Dat kunnt hä natörlich nor, weil de Stadt domols 1288 de Schlaach vun Worringe jewunne hät. Ußerdem, veriehten Hermann, nemme de Klüster de kölsche Pooschte und Weechter jo och jän weje dr Metjeff op."

„Nicht nur, denn die Klöster beeinträchtigten auch die Verdienstmöglichkeiten der Kölner Handwerker, weil sie keine Abgaben auf

ihre Produkte und keine Grundsteuern zu zahlen brauchten. Sie konnten konkurrenzlos billig produzieren. Gott sei Dank hat das der Rat vor ein paar Jahren abgeschafft. Das konnte er natürlich nur, weil ihm diese Macht seit 1288 zustand.
Im Übrigen, verehrter Hermann, was die Aufnahme der Kölner Söhne und Töchter in die Klöster betrifft: Das tun diese in der Regel ja nicht ganz uneigennützig. Wenn du nur an die Mitgift denkst."

„Wie du weißt, gibt es da aber Ausnahmen. Im Übrigen, liebe Fygen", und nun wurde Hermann grundsätzlich, weil er Fygen mit Argumenten nicht mehr überzeugen zu können glaubte, „bist du doch sicher auch der Ansicht, dass das, was Recht ist, auch Recht bleiben muss! Der Erzbischof wurde nun einmal vom Kaiser als Herzog eingesetzt – seit Bruno und noch einmal erneut 1151 mit Erzbischof Arnold II. von Wied, auch über die Stadt Köln; bedenke: Vom Kaiser, dem vom Papst, dem Stellvertreter Christi auf Erden, gesalbten Herrn. Du willst doch nicht die göttliche Ordnung infrage stellen?"

Fygen ließ sich nicht aufs Glatteis führen:

„Dat nit, veriehrten Hermann, ävver do weiss och, de „jöttliche Odenung" deit sich mänchmol wandele un de Zickläuf anpasse. Dat wood doch immer widder mit ungerschedliche Reforme bewise."

„Das nicht, verehrter Hermann, aber du weißt auch, dass diese wandelbar ist und sich veränderten Zeitläufen anpassen kann und tut. Das haben verschiedene kirchliche Konzilien oder Klosterreformen ja auch immer wieder bewiesen."

(Hätte Fygen 1474 schon geahnt, was der Kölner Erzbischof Arnold von Wied ca. 70 Jahre später vorgehabt hätte, würde sie Hermann sicherlich mit der süffisant vorgebrachten Bemerkung provoziert haben: „Wäre die Stadt Köln im 16. Jahrhundert noch Teil des Erzbistums gewesen, wären die Kölner in den Genuss der Religionsfreiheit gekommen. Das hätte doch sicher nicht in deinem Sinne gewesen sein können.")[65]

Dann fuhr sie fort, während sie ihren Rock leicht anhob, um vorsichtig den tierischen Exkrementen auf dem Domhof auszuweichen:

„Wann do de Stadt widder dem Äzbischoff ungerdäue wells, weil de Kölsche sech su schön an ehre Bövverschte jewennt hätte, dann denk och dran, wie off allt ens ne Äzbischoff avvjesatz wäde moot, weil hä unfähig wor. Do weis et selvs am beste[66]. Und dat nenns do jot för die Kölsche? Jott sei Dank müsse mer winnistens jo zick üvver 200 Johr nit mieh för de Scholde vum Äzbischoff hafte."

„Wenn du die Stadt Köln wieder der Oberhoheit des EB unterstellen willst, weil eine eindeutige permanente Führung zuverlässiger und sicherer und damit besser für die Bevölkerung sei, dann denke doch bitte daran, wie oft schon ein regierender Erzbischof einen Verwalter zur Seite gestellt bekommen hat, weil er für sein Amt unfähig war. Du weißt selbst am besten, wie notwendig manchmal die Entmachtung eines Erzbischofs ist[67]. Und das nennst du vorteilhafter für die Kölner Bevölkerung? Gott sei Dank müssen wir seit über 200 Jahren ja wenigstens nicht mehr für die Schulden des EB haften."

Hermann fühlte sich provoziert und antwortete etwas gereizt:

„Du weißt aber auch, Fygen, dass die eigene städtische Organisation ihre Unabhängigkeit nicht dauerhaft sichern kann. Als Ritter Hilger Quattermart von der Stessen vor ca. 100 Jahren versuchte, sich über einen von König Wenzel eingeräumten Freistuhl auf dem Werthschen zur

---

[65] Erzbischof Hermann V. von Wied (EB 1515–1547) wollte in seinem Kurfürstentum die Reformation einführen.
[66] Hermann von Hessen wurde 1473 wegen Unfähigkeit des Erzbischofs Ruprecht v. d. Pfalz vom Domkapitel zum Verwalter des Erzbistums bestellt.
[67] Hermann von Hessen wurde 1473 wegen Unfähigkeit des Erzbischofs Ruprecht v. d. Pfalz vom Domkapitel zum Verwalter des Erzbistums bestellt.

Herzogswürde aufzuschwingen, wo wäre dann die Freiheit und Selbstbestimmung der Kölner Bürger geblieben?"[68]

Doch dieser Einwand konnte Fygen nicht überzeugen:

„Jo, dat stemmp. Do weiss ävver och, dat dr Rot dat zo verhingere jwoß hätt.
Meer kunnte uns allt domols selvs helfe, ovschüns mer uns noch nit su lang selvs rejeere däte."

„Ja, das stimmt. Du, weißt aber auch, dass sich der Rat erfolgreich dagegen gewehrt hatte. Die Selbstheilungskräfte unserer Stadt funktionierten damals schon, obwohl sie noch sehr jung waren."

Hermann seufzend und sich leicht von Fygen abwendend:
„Es dürfte schwer werden, die Kölner Bürger freiwillig zur Rückkehr unter den Schutz des Erzbischofs zu bewegen."

Fygen, mehr zu sich als zu Hermann:

„Hoffentlich kapeet dr Hermann – wann hä Äzbischoff weed – endlich, dat ehr Rejalt üver Kölle alt lang avvjelaufen es. Meer bruche op alle Fäll bal de Schrieves met Breef un Siejel vum Kaiser, dat mer zoköneftig iewig Freie Reichsstadt sin. Dat däte mer uns och jet koste loosse[69]."

„Hoffentlich nehmen Hermann als Erzbischof – wenn er es tatsächlich wird – und seine Nachfolger endlich bald zur Kenntnis, dass ihre Zeit als Herrscher über unsere Stadt schon lange abgelaufen ist. Wir brauchen unbedingt bald die kaiserliche Anerkennung unseres Status. Das würden wir uns auch etwas kosten lassen."

---

[68] S. Dieter Herion: „Lyskirchen, Overstolz & Co.", aus: „Als über Köln noch Hexen flogen …", BoD-Verlag.
[69] Am 19.09.1475 erhielt die Stadt Köln endlich das erhoffte Privileg vom Kaiser.

Als sich nun Fygen und Hermann herzlich und mit beiderseitigem Respekt vor dem erzbischöflichen Palast verabschiedeten, wussten selbstverständlich beide, dass sie sich **nicht gegenseitig überzeugen** konnten. Das würden sie wahrscheinlich auch nie erreichen.

Dieter Höss hat einmal im nachstehenden Limerick die Folgen der „Schlacht von Worringen" amüsant auf den Punkt gebracht:

> Bei Worringen fand eine Schlacht statt,
> die Freiheit den Kölnern gebracht hat.
> Seit der Zeit wird hienieden
> schon mal anders entschieden,
> als sich der Bischof gedacht hat.

Fygen Lutzenkirchen

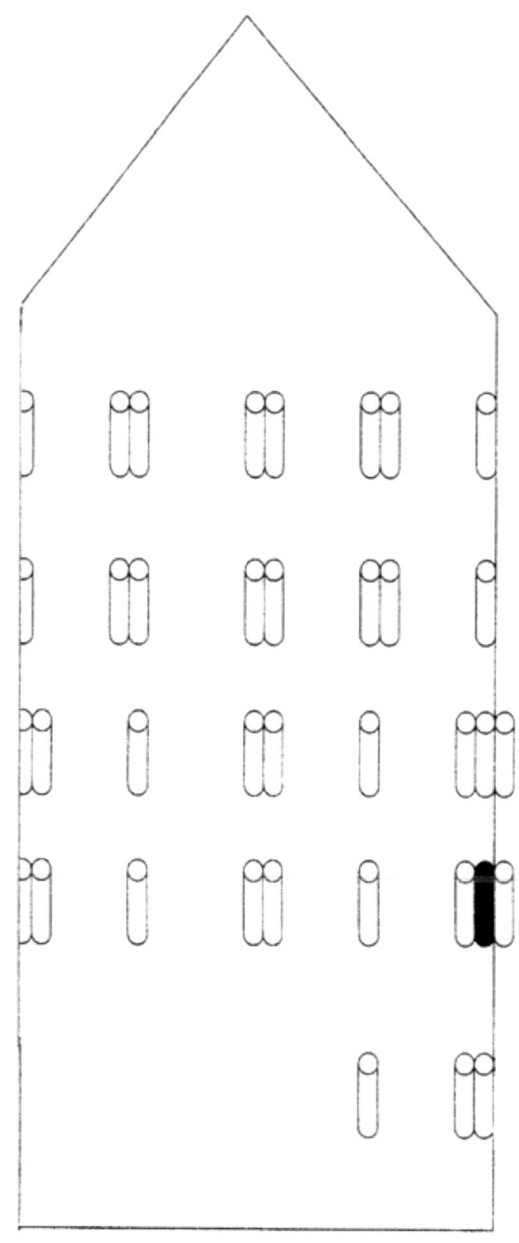

Alter-Markt-Seite (Osten)

Hansestädte zwischen 14. und 16. Jahrhundert

Zeitweise nur kurzzeitig; auf Hansetagen oft vertreten von größeren Städten (nach Philipp Dollinger: Die Hanse)

Ahlen	Breckerfeld	Essen
Alfeld	Bremen	Eversberg
Allendorf	Breslau	
Altena	Brilon	Fellin
Anklam	Buxtehude	Frankfurt (Oder)
Arnheim		Freienohl
Arnsberg	Coesfeld	Friesoythe
Aschersleben		Fürstenau
Attendorn	Danzig	
	Demmin	Gardelegen
Balve	Deventer	Geseke
Beckum	Dinant	Goldingen
Belecke	Dinslaken	Gollnow
Belgard	Doesburg	Goslar
Berlin-Cölln	Dorpat	Göttingen
Bielefeld	Dorsten	Göttingen
Billerbeck	Dortmund	Greifenberg
Blankenstein	Dramburg	Greifswald
Bocholt	Drolshagen	Grevenstein
Bochum	Duderstadt	Grieth
Bockenem	Duisburg	Gronau
Bödefeld	Dülmen	Groningen
Borgentreich		Groß Roop
Borken	Einbeck	
Brakel	Elbing	Hachen
Brandenburg	Elburg	Hagen
Braunsberg	Emmerich	Halberstadt
Braunschweig	Erfurt	Halle (Saale)

Haltern	Kulm	Osnabrück
Hamburg	Kyritz	Osterburg
Hameln		Osterode
Hamm	Langscheid	
Hannover	Lemgo	Paderborn
Harderwijk	Lemsal	Peckelsheim
Haselünne	Lennep	Perleberg
Hasselt	Lippstadt	Pernau
Hattem	Lübeck	Plettenberg
Hattingen	Lüdenscheid	Pritzwalk
Havelberg	Lüneburg	
Helmstedt	Lünen	Quakenbrück
Herford		Quedlinburg
Hildesheim	Magdeburg	
Hirschberg (Westf.)	Medebach	Ratingen
Hörde	Melle	Recklinghausen
Höxter	Menden	Reval
Hüsten	Meppen	Rheine
	Merseburg	Riga
Iburg	Minden	Rinteln
Iserlohn	Mühlhausen	Roermond
	Münster	Rostock
Kallenhardt		Rüthen
Kamen	Naumburg	
Kammin	Neuenrade	Salzwedel
Kampen (Overijss.)	Neuß	Schlawe
Kiel	Nieheim	Schmallenberg
Kokenhusen	Nijmegen	Schüttorf
Kolberg	Nordhausen	Schwerte
Köln	Northeim	Seehausen
Königsberg		Soest
Korbach	Oldenzaal	Solingen
Köslin	Olpe	Stade
Krakau	Ommen	Stargard

Stavoren	Unna	Werne
Stendal	Uslar	Wesel
Stettin		Westhoven
Stockholm	Venlo	Wetter
Stolp	Visby	Wiedenbrück
Stralsund	Vörden	Windau
Sundern	Vreden	Wipperfürth
		Wismar
Tangermünde	Warburg	Wolgast
Telgte	Warendorf	Wollin
Thorn	Warstein	Wolmar
Tiel	Wattenscheid	
Treptow	Wenden	Zaltbommel
	Werben	Zutphen
Uelzen	Werl	Zwolle

LITERATURVERZEICHNISSE

ALS LEICHE IM OCHSENFELL ...

Ennen, Leonhard: Der hansische Syndicus – Heinrich Sudermann aus Köln; Verein f. hans. Geschichte Köln 1885

Friedland, Klaus: Der Plan des Dr. Heinrich Sudermann zur Wiederherstellung der Hanse aus: Jahrbuch des Köln. Geschichtsvereins 31/32; Janus Verl.-Ges. Köln 1956/57

Hammel-Kiesow, Rolf: Schoßeinnahmen in Lübeck, aus: Das Gedächtnis der Hansestadt Lübeck; Schmidt, Römhild Lübeck 2005

Schleicher, Herbert M.: Ratsherrenverzeichnis aus reichsstädtischer Zeit von Köln 1396–1796; Köln 1982

Weise, Erich: Die Hanse, England und die Merchants Adventures aus: Jahrbuch des Köln. Geschichtsvereins 31/32; Janus Verl.-Ges. Köln 1956/57

Wirsing, Johannes: Die Hanse und Köln, unveröff. Vortragsmanuskript; Köln 1988

Wriede, Klaus: Heinrich Sudermann aus: Rh. Lebensbilder 10; Köln 1985

Wurm, Johann Peter: Die Korrespondenz des Hansesyndikus Heinrich Sudermann mit dem königl. Statthalter in Schleswig und Holstein Heinrich Rantzau 1579–1591 aus: Das Gedächtnis der Hansestadt Lübeck; Schmidt, Römhild Lübeck 2005

Weinsberg, Uni-Bonn.de: Buch Weinsberg liber decrepidudinis; Bonn 2010

NACHSCHLAGEWERKE

Brockhaus: Hanse; F. A. Brockhaus Mannheim 1989

Parker, Geoffrey: Knaurs Neuer Historischer Weltatlas; Bechtermünz Verlag Augsburg 1999

proxy.fastbot.de: Heinrich Rantzau; 2010

wapedia.mobi.de: Hanse; 2010

wapedia.mobi.de: Hansestadt; 2010

wikipedia.org: Heinrich Sudermann; 2010

HAT DER KÖLNER ERZBISCHOF ANNO II. DIE ABTEI BRAUWEILER BESTOHLEN?

Bautz, Fr.-Wilh.: Artikel „Anno" in Biograf.-bibliograf. Kirchenlexikon; 1990

Bujnoch, Josef (Herausgeber): Gallus Anonymus: Polens Anfänge; Graz, Wien, Köln 1978

Gerstner, Ruth: Die Gesch. d. lothring. Pfalzgrafschaft Rh. Archiv 40; Bonn 1941

Miethke: Ockhams Weg zur Sozialphilosophie; Berlin/New York 1969

Schreiner, Peter: Die Geschichte der Abtei Brauweiler 1024–1802; Verein f. Gesch. u. Heimatkunde Pulheim 2001

Monograf. z. Gesch. des MA, Bd. 8, 1 EB Anno von Köln u. s. pol. Wirken

Es sind Ketzer in Köln!

Anzulewicz, Henryk: Person und Werk des David von Dinant im lit. Zeugnis Alberts des Großen; Mediaevalia Philosophica Polonorum XXXIV 2001

Aristoteles: Die pseudo-aristotelische Schrift über das reine Gute bekannt unter dem Namen Liber de causis; Freiburg/Br. 1882

Auffarth, Christoph: Die Ketzer – Katharer, Waldenser und andere religiöse Bewegungen; Verlag C. H. Beck, München 2005

Becker-Jäkli, Barbara: Protestanten in Köln aus: Der Name der Freiheit; Köln. Stadtmus. Köln 1988

Borst, Arno: Die Katharer; Verlag Herder Freiburg 2000

Breuers, Dieter: Ritter, Mönch und Bauersleut; Gustav Lübbe Verlag, Berg.-Gladbach 1994

Bucerius, Gerd (Herausgeber): Welt- und Kulturgeschichte, Bd. 7 Europa im Mittelalter; Zeitverlag Gerd Bucerius, Hamburg 2006-12

Ev. Kirche im Rheinland (Herausgeber): Der Erste Kreuzzug 1096 und seine Folgen – Die Verfolgung der Ju den im Rheinland; Archiv der Ev. Kirche im Rheinland Düsseldorf 1996

Edwards, John: Die spanische Inquisition; Artemis & Winkler Düsseldorf/Zürich 2003

Fuchs, Peter (Herausgeber): Chronik zur Geschichte der Stadt Köln; Greven Verlag Köln 1990

Grigulevic, J. R.: Ketzer – Hexen – Inquisitoren; Ahriman-Verlag Freiburg 1995

Grundmann, Herbert: Religiöse Bewegungen im Mittelalter; Wiss. Buchges. Darmstadt 1977

Herrmann, Horst: Ketzer in Deutschland; Kiepenheuer & Witsch, Köln 1978

Hermel, Jochen: „Weil die Gefahr des Orts teglich wechst ..." Heiml. evangel. Gem. in Köln aus: Katalog z. Ausst. „Köln in unheiligen Zeiten" im Köln. Stadtmuseum 2014; Böhlau Verlag Köln Weimar Wien 2014

Irsigler, Franz und Lassotta, Arnold: Bettler und Gaukler, Dirnen und Henker; Greven Verlag Köln 1984

Kramp, Mario: 1143 und 1163: Ketzer in Köln; in Gesch. in Köln Nr. 35; Janus Verlagsges. Köln 1994

Mönnich, Conrad Willem: Bürger, Ketzer, Außenseiter; Chr. Kaiser Verlag München 1984

Petri, Franz und Droege, Georg (Herausgeber): Rheinische Geschichte Bd. 2, Neuzeit; Schwann Düsseldorf 1976

Schönbach, Anton Emanuel: Studien zur Erzählungsliteratur des Mittelalters I–IV; Georg Olms Verlag Hildesheim – Zür. – N. Y. 2005

Stiasny, Hans Herm. Theodor: Die strafrechtliche Verfolg. der Täufer i. d. fr. Reichsstadt Köln 1529–1618; Unveröff. Dissertation

Es ist noch kein Meister vom Himmel gefallen

Ebeling, Dietrich: Bürgertum und Pöbel; Köln/Wien Städteforschung, Reihe A, Bd. 26 1987

Handwerkszentrale GmbH, Bonn (Herausgeber): Bonner Bäcker machen Geschichte; Bonn 1986

Herion, Dieter: Handel und Märkte in Köln (unveröffentlichtes Referat); Köln 1988

Kellenbenz, Herm. (Herausgeber): Zwei Jahrtausende Kölner Wirtschaft; Greven Verlag Köln 1975

Laug, Gisela: Die Stellung der Frau im mittelalterlichen Köln (unveröffentlichtes Vortragsmanuskript); Köln 1989

Lenerz, Prof. Dr.: Ausst.-Katalog des Köln. „Zunft und Ordnung"; Köln (in Vorbereitung)

von Loesch, Heinr.: Die Kölner Zunfturkunden nebst anderen Kölner Gewerbeurkunden bis zum Jahre 1500 (Publ. d. Ges. f. rh. Gesch. XXII); Bonn 1907

de Rachewitz, Siegfried W.: Brot im südlichen Tirol; Schlanders 1981

WRM-Museum: Ausst.-Katalog: Köln im Mittelalter – Geheimnisse Der Maler; Dtr. Kunstverlag Berlin – München 2013

1288 – Schlacht bei Worringen

Becker, Hans-Michael: Köln contra Köln; J. P. Bachem Verlag Köln 1992

Borst, Arno: Lebensformen im Mittelalter; Nikol Verlagsges. Hamburg 2001

Fried, Johann: Die Kölner Stadtgemeinde und der europäische Freiheitsgedanke im Hochmittelalter aus: Der Name der Freiheit; Köln. Stadtmus. 1988

Hirschfelder, Johann: Die Kölner Handelsbeziehungen im Spätmittelalter; Köln. Stadtmus. 1994

Holsträter, Christine: Reichsstadtprivileg und Neußer Krieg (unveröffentlichtes Vortragsmanuskript); Köln 2006

Irsigler, Franz: Kölner Wirtschaft im Spätmittelalter aus: Zwei Jahrtausende Kölner Wirtschaft, Bd. 1; Greven Verlag Köln 1975

Koch, Hans: Geschichte des Seidengewerbes in Köln vom 13. bis 18. Jahrhundert (Staats- u. Sozialwiss. Forschungen, H 128); Leipzig 1907

Stolberg-Rilinger, Barbara: Das Heilige Römische Reich Deutscher Nation; Verlag C. H. Beck München 2009

Weinfurter, Stefan: Neue Fragen an das alte Reich aus: Zeitschrift „Damals" 9/2006; Konradin Medien GmbH Leinfelden

Wirsing, Johannes: Kölner Freiheitssymbole (unveröffentlichtes Vortragsmanuskript); Köln 1988

BILDNACHWEISE

Kölnisches Stadtmuseum, Seite 14 und 57
Fotos des Autors, Seiten 12, 35, 37 und 77